D1719150

Dr.
Modeling

Kurz und schmerzlos

Medizinisches Wissen hilft ganz praktisch gegen Stress aller Art: Prüfungsangst, Übergewicht und Liebeskummer.

Zu diesem Zweck müssen die „körperlichen Bedürfnisse“ zunächst nach deren wissenschaftlich messbaren Dringlichkeit und gleichzeitig nach dem “Notfall-ABC“ sortiert werden. Aus dieser neuartigen Kombination resultieren einfache Handlungsstrategien, die es erlauben, auch in den dramatischsten Situationen einen kühlen Kopf zu bewahren.

Die Autorin

Dr. Heide Kraut heißt im wahren Leben Dr. med. Sibylle Mottl-Link. Als Ärztin hat sie in der Herzchirurgie, Herzforschung, Kinderheilkunde, im Gesundheitsamt und in der Notfallmedizin gearbeitet.

Seit 2011 engagiert sie sich in Begleitung ihrer Klappmaulfiguren als „Ärztin mit der sprechenden Hand“ für gesundheitliche Bildung u.a. in Lesungen zu den Büchern „Frau Doktor hat einen Vogel“ und „In meinem Körper ist was los“.

Sie liebt seit 25 Jahren denselben Mann und lebt mit ihm, zwei Söhnen, einem Hund und einer wachsenden Puppenfamilie in Heidelberg.

www.doctormodeling.de

Körperliche Bedürfnisse

von Dr. Heide Kraut

Medizinische Hilfe gegen

Stress aller Art (Prüfungsangst, Fresssucht, Liebeskummer)

Gefördert vom Ministerium für
Wissenschaft, Forschung und Kunst über den

Landesverband Amateurtheater
Baden-Württemberg e.V.

Illustrationen: © Sabine Nierzwicki

Fotos: © Gudrun-Holde Ortner

1. Auflage Juli 2017

Original-Skript zur Veranstaltung „Körperliche Bedürfnisse“

Dr. Modeling Verlag, Heidelberg

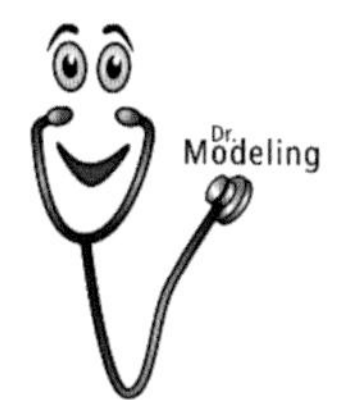

www.doctormodeling.de

ISBN 978-3-00-057093-3

Inhaltsverzeichnis

Für die Lieben meines Lebens

Wie uns ein nackter Mann helfen kann

Ein nackter Mann in einer Telefonzelle! Die bloße Vorstellung ist der Inbegriff von Peinlichkeit, nicht wahr? Und doch kann genau dieses Bild Ihnen dabei helfen, aus den folgenden Kapiteln den größtmöglichen Nutzen für sich selbst zu ziehen. Wie das?

Nun, der nackte Mann wird Ihnen zunächst das wertvollste Rezept gegen Peinlichkeit verraten, denn peinlich können die Inhalte dieses Buches tatsächlich werden. Vor allem die praktischen Übungen darin! Doch Übung macht den Meister! Bevor es also losgeht, müssen wir uns zunächst mit dem Arztrezept gegen Peinlichkeit beschäftigen. Wir befinden uns nämlich nicht in einer Vorlesung, sondern in einem Workshop. Das bedeutet, dass Sie einige Übungen aktiv mitmachen dürfen, für die Sie sich andernorts womöglich schämen würden. Diese Übungseinheiten sind aber unerlässlich, damit Sie sich auch wirklich alles Wichtige zum „Notfall-ABC der körperlichen Bedürfnisse" merken und das Gelernte umsetzen können.

Was sind also die wirksamsten Rezepte gegen Peinlichkeit? Nun, die Zyniker unter Ihnen würden vorschlagen: „ein überhöhter Selbstwert" oder ein „Drang zum Exhibitionismus". Nur leider verfügen die meisten Menschen normalerweise nicht darüber. Und das ist sicherlich auch gut so! Der zwischenmenschliche Umgang wäre unerträglich ohne ein Mindestmaß an Peinlichkeit und Scham. Doch ist es äußerst nützlich, in manchen Situationen über sich hinaus zu wachsen und mutig zu werden. Denn, den Mutigen gehört die Welt! Was können wir normalen Durchschnittsmenschen also gegen Peinlichkeit tun?

Lesen Sie dazu eine wahre Geschichte:

Als ich einmal aus dem Bus stieg, sah ich einen nackten Mann in einer Telefonzelle stehen! (Ja, damals gab es so etwas tatsächlich noch. Ich meine natürlich die Telefonzellen. Für alle aus der Generation „Smartphone“: Eine Telefonzelle war eine Art Duschkabine mit Fenstern, in der am Ende des Duschschlauchs ein Telefonhörer befestigt war.) Ich staunte also nicht schlecht. Ich hatte nämlich noch nie jemanden gesehen, der eine Telefonzelle mit einer Duschkabine verwechselt hatte. Mein erster Verdacht war, dass dieser Mann schlicht psychisch krank sein müsste, und ich überlegte schon, wie ich den Rettungswagen alarmieren könnte. Aber es gab noch keine Handys und der Kerl besetzte das einzig verfügbare Telefon. Als ich mich hilfesuchend umsah, erblickte ich noch Unfassbareres: Nicht weit von der Telefonzelle entfernt stand eine Tischtennisplatte, an der zwei ältere Männer Tischtennis spielten. Auch an ihren Körpern hing alles frei herab! Und alles bewegte sich! ... Ein höchst verstörender Anblick! Als ich meinen Blick weiter schweifen ließ, schwante mir Übles. Überall nackte, wabbelnde Leiber in Adam- und Evakostümen. Was um Himmels Willen ...?! Moment!

Ich hatte tatsächlich völlig übersehen, dass ich zufällig an einen Nacktbadestrand geraten war. Plötzlich drehten sich die Rollen um. Nicht mehr die nackten Menschen waren peinlich. Nein **ich**! Ich war peinlich, weil ich bekleidet war. Ich war die einzige, die nicht in diese Menschengruppe und in die Gesamtsituation passte. **Ich** war der Fremdkörper!

Und der nackte Mann in der Telefonzelle? Nun, der war gar nicht mehr peinlich, sondern der Situation angemessen gekleidet ... oder vielmehr „unbekleidet“.

Gegen Peinlichkeit und Scham hilft also ein Sinn oder ein inhaltlicher Zweck in der jeweiligen Situation – und vor allem: Etwas vermeintlich Peinliches gemeinsam zu tun. Denn wenn alle mitmachen, ist nichts peinlich. Gar nichts!
Auch im Klinikalltag gibt es für uns Ärzte mannigfaltig peinliche Situationen. Beispielsweise sind wir bei unseren Untersuchungen gezwungen, sehr viel nackte Haut zu sehen und sogar in die verschiedensten und intimsten Körperöffnungen zu schauen und sogar hineinzugreifen. Und das auch noch bei völlig fremden Menschen! Wie also gelingt es mir als Ärztin, schamlos unter Bettdecken zu spicken oder Körperteile zu berühren, die eigentlich tabu sind? Und das alles sogar, **ohne** dass es für den Patienten oder für mich irgendwie peinlich wäre?
„Hallo, mein Name ist Dr. Kraut und ich bin Ihre behandelnde Ärztin!"
Allein dieser Satz gibt mir die Legitimation, Handlungen durchzuführen, die in anderen Situationen und Zusammenhängen unverzeihlich wären. Mein Tun hat plötzlich einen Sinn und Zweck, denn ich will helfen. Außerdem befinde ich mich mit meinem Tun in bester Gesellschaft: Ich bin ein Teil der großen Gruppe der ärztlichen Kolleginnen und Kollegen, die ebenso handeln – und zwar überall auf der großen weiten Welt.
„Sinn und Zweck" und „gemeinsames Handeln" sind also die Patentrezepte gegen Peinlichkeit!

Lassen Sie also Ihre lieben Sitznachbarn und mich nicht hängen und gehen Sie voll aus sich heraus! Wir zählen auf Sie ganz persönlich! Und falls Sie sich später irgendwann unglaublich dämlich fühlen sollten, dann denken Sie vertrauensvoll daran, dass auch Ihre Mitmenschen bei den gleichen Übungen einen ähnlich lächerlichen Eindruck machen wie Sie. Der Sinn und Zweck der vorgeschlagenen Maßnahmen aber wird Sie für alles entschädigen! Versprochen!

(Wenn Sie gerade nicht in einer meiner Lesungsveranstaltungen sitzen, haben Sie es sogar noch einfacher! Denn im stillen Kämmerlein, so ganz allein und ungestört, da ist sowieso nicht mit dem Auftreten von Peinlichkeit zu rechnen.)

Zusammenfassung Mittel gegen Peinlichkeit sind:

1. Sinn und Zweck

   Erfüllt ein Handeln in einer bestimmten Situation einen Sinn und Zweck, dann erscheint es in völlig neuem Zusammenhang und hat eine Legitimation.

2. Gemeinsames Handeln

   Wird eine Handlung von mindestens zwei Menschen – besser jedoch einer größeren Gruppe – ausgeführt, wird dadurch glaubhafter, dass das Handeln einen Sinn ergeben muss.

3. Rückzug auf eine einsame Insel

   Im Zweifel ist dort, wo es keine Mitmenschen gibt, auch überhaupt nichts peinlich.

Übung 1

Strecken Sie die Zunge heraus und blasen Sie dann Ihre Wangen auf. Und schließlich: Ziehen Sie Ihre Mundwinkel nach oben und machen einen leicht dümmlichen Gesichtsausdruck. Das fühlt sich zwar zunächst total blöde an, aber es wird Ihnen schon nach wenigen Minuten helfen, alles in einem freundlicheren Licht zu sehen. (Wenn die veränderte Körperhaltung eine Veränderung der Stimmung nach sich zieht, nennt man dieses Phänomen übrigens „Embodiment".) Der Sinn und Zweck der Übung ist also, Ihre Stimmung zu heben und Sie zu entspannen.

Übung 2

Stellen Sie sich vor, Sie stehen splitternackt mitten in einer menschenüberfüllten Fußgängerzone. Welche Rechtfertigung oder welchen Sinn könnte es für Ihr Nacktsein geben? Vielleicht eine politische Demonstration? Ein Künstler fotografiert oder dreht einen Film? ...

Alternative: Falls Ihnen diese Übung zu unangenehm sein sollte, versuchen Sie es stattdessen mit folgender: Stellen Sie sich die unterschiedlichsten Kleidungsstücke an Ihrem Körper vor. In welcher Situation und in welcher Gruppe ist welches „Kostüm" angemessen oder völlig unpassend? Was würden Sie für den Besuch von Schwimmbad, Arbeitsplatz oder Opernball anziehen? Jetzt wechseln Sie in Ihrer Vorstellung die Situationen und Kleidungsstücke wild durcheinander. Für welche Kombination würden Sie sich am meisten schämen? Das Abendkleid in der Sauna? Der Taucheranzug im Büro? Welchen Sinn oder Zweck könnte diese peinliche Aufmachung erfüllen?

Schlange: Wann kommt der Sex?

Dr. K: Wieso der Sex?

Schlange: Der Titel dieses Buches ist "körperliche Bedürfnisse" oder nicht?

Dr. K: Ja schon...

Schlange: Also geht es um Sex!

Dr. K: Ja, natürlich, aber ...

Schlange: Nichts aber! Ich will Sex! Guten Sex! Und zwar sofort!

Dr. K: So geht das doch nicht! Wer tollen Sex haben will, muss geduldig sein.

Schlange: Ich habe aber schon genug gewartet!

Dr. K: ... und die Wartezeit ungenutzt verstreichen lassen!

Schlange: Was hätte ich denn sonst tun sollen?

Dr. K: Optimale Vorbereitung ist der Schlüssel zum Erfolg!

Schlange: Hä?

Dr. K: Himmlischer Sex ist die Krönung harter Lernarbeit und fleißigen Übens.

Schlange: So, so.

Was wir von Rettungskräften lernen können

Das Rezept gegen Peinlichkeit hilft übrigens auch in medizinischen Notfällen und bei Unfällen aller Art. Notsituationen erlauben es, sogar wildfremden Menschen nahe zu kommen. Näher als gewünscht – insbesondere, wenn die Verletzten alkoholisiert, schmutzig oder auf andere Arten ekelerregend sein sollten. Viele Ersthelfer empfinden es als Erleichterung, dass die Mund-zu-Mund-Beatmung laut neuster Empfehlung von ihnen **nicht** mehr gefordert wird. Mag sein, dass Sie das in manchen Fällen – insbesondere bei hübschen Lippen – etwas bedauern werden, aber die meisten Unfallopfer profitieren schlicht nicht davon. Weil es für die Ersthelfer unnötigen Stress bedeutet und weil das Gepuste in den meisten Fällen (außer bei Kindern!) nachweislich gar nicht bis in die Lunge vordringt, wurde die Beatmung für Ersthelfer, die über keine Beatmungsbeutel oder Intubationsschläuche verfügen, ersatzlos gestrichen. Anders verhält es sich bei der Herzdruckmassage. Der beherzte, rhythmische Griff ans Brustbein ist äußerst effektiv, wäre aber in Alltagssituationen unglaublich peinlich. Im Notfall jedoch nicht. Am Unfallort befinden Sie sich also als Herzmasseur in der großen Gruppe der Ersthelfer. Der Sinn und Zweck der Herzmassage ist es, das Gehirn trotz Herzstillstand mit lebenswichtigem Sauerstoff zu versorgen. Peinliches Verhalten gibt es bei „Rettern in der Not“ grundsätzlich nicht.

Blut! Kaputtes Blech und Scherben! Schreie! Panik! – An einem Unfallort geht es im Allgemeinen alles andere als ruhig zu. Die Situation ist unübersichtlich, unordentlich und bedeutet für alle Beteiligten ein Höchstmaß an Stress. Jeder Mensch geht zwar mit solch existentiellen Herausforderungen anders um, doch im Grunde kann man drei Arten von völlig natürlichem – überhaupt nicht peinlichem - Verhalten beobachten:

- geschockt oder vor Panik gelähmt (Freeze)
- hektisch auf der Flucht (manchmal auch auf der „Flucht nach vorn“) (Flight)
- kämpfend und zupackend (Fight)

Jedem auch noch so geübten Profi kann es passieren, dass er in Situationen kommt, bei denen ihm schlicht die Luft wegbleibt. Starr vor Schreck zu sein, ist eine sehr normale Reaktion auf ein – im wahrsten Sinne des Wortes – „schreckliches“ Geschehen. Wenn die Unfallbeteiligten zu allem Übel auch noch Kinder sein sollten, so sitzt der Schock dermaßen tief, dass sogar professionellen Helfern jegliches Handeln zunächst völlig unmöglich erscheint. Die erste Bewegungslosigkeit hat aber auch ihr Gutes: Im ersten Moment versucht das Gehirn nämlich, die Informationen, die ihm die Augen, Ohren, Geruchs- und Tastsinn übermitteln, zu sortieren und aus den gewonnenen Informationen möglichst rasch Lösungsstrategien zu entwickeln.
„Wie schlimm sind die Verletzungen? Wie viele Verletzte sind beteiligt? Wie kann ich helfen? Bringe ich mich womöglich selbst in Gefahr, weil es z.B. brennt oder gleich etwas explodieren könnte? Welche zusätzlichen Helfer sind vor Ort, mit denen ich mich zusammentun könnte?“
Das sind nur einige der möglichen Fragen, die wir uns in solchen Momenten beantworten müssen. Eine kurze Ruhe im Sturm kann also sehr sinnvoll sein, denn in der Ruhe liegt bekanntlich die Kraft.

Allerdings darf diese Zeitspanne nicht ewig dauern, denn jede Sekunde könnte über Leben und Tod entscheiden.
Falls Sie also an einen Unfallort kommen sollten, bitte gaffen Sie NUR KURZ, und vor allem: behindern Sie NIEMALS die Arbeit der Rettungskräfte!! (Es soll sogar Leute geben, die in solchen Situationen Erinnerungsfotos schießen oder filmen! Kein Kommentar!! Ich hoffe sehr, SIE gehören niemals dazu!) Reißen Sie am besten Ihren Blick los und wählen Sie zwischen zwei Möglichkeiten: Entweder, Sie helfen, indem Sie die 112 wählen - vor allem, wenn Sie sich nichts Anderes zutrauen. Oder, falls schon Hilfe vor Ort ist, dürfen Sie auch gerne zügig den Unfallort verlassen. Eine „Flucht" ist dann völlig okay, wenn sich schon andere um die Verletzten kümmern.
Ein weitaus besseres Gefühl aber ist es, genau zu wissen, was zu tun ist. Da leider jede Notfallsituation anders ist, erfordert dies ein möglichst flexibles Verhalten. Ein Handeln, welches bei einem Verletzten richtig ist, kann bei einem anderen Patienten völlig falsch sein. Woher soll man aber wissen, was, wann, wie zu tun ist? Die Antwort ist: üben, üben, üben. In manchen Fällen kann vorschnelles, gut gemeintes Handeln trotz aller Übung ziemlichen Schaden anrichten, wie folgendes Beispiel zeigt:
Als ich einmal als Ersthelfer zu einem Unfallort kam, verfluchte ich die „stabile Seitenlage". Im Notfallkurs, den jeder Autofahrer vor seiner Führerscheinprüfung ablegen muss, ist diese Lagerungstechnik ein Thema, das behandelt wird. Und weil die „stabile Seitenlage" so effektiv geübt wird, scheint sie das Einzige zu sein, was sich tatsächlich unauslöschlich und äußerst stabil in jedes Gehirn einbrennt. Bei Bewusstlosen bedeutet sie tatsächlich

einen sehr effektiven Schutz vor der gefürchteten Aspiration. (Die Aspiration wäre lebensgefährlich, weil zum Beispiel Inhalt aus dem Magen in die Luftröhre rutscht und damit das Atmen unmöglich macht. Durch die stabile Seitenlage aber kann der Mageninhalt ungehindert nach draußen abfließen.) Allerdings ergibt diese Lagerung des Körpers **nur** bei Bewusstlosen einen Sinn! Bei der armen Patientin, von der ich hier erzählen möchte, war sie jedoch eine Qual! Zwei gutmeinende Ersthelfer drückten die Frau zu Boden und wollten sie zwingen, sich seitlich hinzulegen. Die Verletzte aber wehrte sich lautstark. Wer schreit ist übrigens **nicht** bewusstlos! Bewusstlose machen gar nichts mehr, selbst, wenn man sie zwickt.

Die „stabile Seitenlage" war also bei genau dieser bedauernswerten Frau überhaupt nicht angebracht. Ihr Gesicht war ganz bläulich verfärbt und sie rang sichtlich nach Luft. Sie versuchte, ihre Arme aufzustützen, um besser durchatmen zu können. Meine erste Maßnahme war also, die um Atem kämpfende Patientin aus den Klauen der engagierten Helfer zu befreien. Ich ließ die Dame aufrecht hinsitzen und gab ihr nach kurzer Befragung das Asthmaspray aus ihrer Tasche. Die Gesichtsfarbe wurde rosiger und die riesige Erleichterung war ihr anzusehen. Happy End!

Hätten sich die Helfer statt an die stabile Seitenlage an etwas viel Einfacheres erinnert, wäre es der Patientin sofort viel bessergegangen: das Notfall-ABC!

Das Notfall-ABC ist eine Trickkiste, die es uns ermöglicht, sogar in den schlimmsten Situationen einen kühlen Kopf zu bewahren. Es ist unser Mantra, unser Rosenkranzgebet, unsere Selbsthypnose. Bei jedem Notfall beten professionelle Rettungskräfte es sich vor.

Als ich um die Jahrtausendwende den einwöchigen 80-Stunden-Kurs für Ärzte im Rettungsdienst absolvierte, bedeutete das ABC etwas gänzlich anderes als 15 Jahre später, als ich ihn zur Auffrischung nochmal machte. Was sich allerdings nicht geändert hat, ist, dass das ABC damals wie heute dabei hilft, im Notfall nichts Wichtiges zu vergessen, wenn auch mit etwas anderen Inhalten.
Falls Sie aber nicht zufällig einen ganzen Rettungswagen nebst Gerätschaften zur Verfügung haben, wird Ihnen das „Notfall-ABC für professionelle Rettungskräfte" allerdings nicht helfen. Ihnen stehen keine Medikamente zur Verfügung. Auch EKG-Gerät, Beatmungsmaschine oder Infusionen trägt man im Allgemeinen nicht dauernd mit sich herum. Von entsprechender Schutzkleidung ganz zu Schweigen. Wahrscheinlich stehen Sie wie ein verängstigtes Reh am matschigen Straßenrand – womöglich noch im Minikleid oder Ihrem besten Anzug. Auf eine Notfallsituation ist man nämlich niemals vorbereitet. Für den normalen Durchschnitts-Ersthelfer empfehle ich daher: folgende **Notfall-ABCD-Regel:**

A wie Atmung ermöglichen (ggf. Fremdkörper aus dem Mund entfernen oder Aufsitzen lassen)

B wie Bewusstsein prüfen (berühren und ansprechen zum Beispiel „Ich kümmere mich um Sie!")

C wie Call 112 (entweder selbst anrufen oder jemanden anderes darum bitten)

D wie Drücken (Herzmassage: denken Sie einfach an das Lied „Staying Alive" von den Bee Gees, dann stimmt der Rhythmus – und drücken Sie fest – hier hilft keine Homöopathie, sondern Zupacken! Dabei können zwar die Rippen brechen, doch Ihr Patient wird Ihnen danach trotzdem ewig dafür dankbar sein!)

Dieses spezielle Notfall-ABCD für alle Nicht-Notärzte und Nicht-Rettungskräfte ist leicht zu merken und gibt Ihnen in besonders stressigen Situationen einen verlässlichen Handlungsleitfaden, an dem Sie sich beruhigt entlang hangeln können. Wiederholen Sie die ABCD-Regel ein paar Mal, bis Sie sie auswendig können.

Zusammenfassung

Wirksame Mittel gegen Panik oder Schockstarre im Notfall:

1. Ersthelfer sind NIE peinlich und können mit dem Notfall-ABC nichts falsch machen!
2. ABCD-Regel: Diese hilfreiche Eselsbrücke hilft im Notfall dabei, nichts Wichtiges zu vergessen. Auch in den schrecklichsten und stressigsten Situationen wird so sogar für den Ungeübten ein zupackendes Handeln möglich.

Übung

Wiederholen Sie das Ersthelfer-ABCD (oben fett gedruckt) so oft, bis Sie es trotz nachtschlafender Zeit herunterbeten könnten. Besuchen Sie bei „Tagen der offenen Tür" in Krankenhäusern oder anderen Messe-Veranstaltungen (z.B. Maimarkt in Mannheim oder Medizinmessen) den Stand der Rettungskräfte. Dort finden Sie Rettungspuppen, an denen sich das Herzmassieren ausprobieren lässt. Spüren Sie wie tief der Brustkorb eingedrückt werden muss?

Interessierte dürfen selbstverständlich gerne auch noch einmal einen Erste-Hilfe-Kurs mitmachen.

Schlange: Was weißt du eigentlich schon von Sehnsucht und Leidenschaft?

Dr. K: Na, ich bin Ärztin!

Schlange: Ja und?

Dr. K: Ärzte lindern körperliche und seelische Leiden aller Art und damit auch *Leiden*-schaften.

Schlange: Aha!

Dr. K: Und es gibt sogar eine Spezialisierung für Suchtmedizin. Sehn-*Sucht* ist genau genommen nur eine harmlose Unterform von Sucht.

Schlange: Ich habe aber Herzschmerz!

Dr. K: Tatsächlich?

Schlange: Und ich will, dass du mir hilfst. Sofort!

Dr. K: Ok. Dann schließen wir zuerst ein 12-Kanal-EKG an. Es könnte ja ein Herzinfarkt sein.

Schlange: Ich bin aber liebeskrank!

Dr. K: Kranke aller Art sind bei mir als Ärztin sowieso in besten Händen!

Schlange: Auweia!

Wozu wir körperliche Bedürfnisse sortieren sollten

Was haben körperliche Bedürfnisse mit dem Notfall-ABC zu tun? Nun, auf den ersten Blick erst einmal gar nichts. Wenn man nämlich "körperliche Bedürfnisse" im Internet in eine Suchmaschine eingibt, erhält man zunächst nur psychologische Theorien darüber, was Grundbedürfnisse sind. Und das, obwohl das Wissen über alles "Körperliche" eigentlich eine ureigene Disziplin der Medizin ist. Haben Ärzte sich bisher wirklich noch nie ernsthaft mit der Bedeutung von körperlichen Bedürfnissen beschäftigt? Der Schein trügt. Die Tatsache, dass Ärzte das Thema bisher für "nicht der Rede wert" gehalten haben, steht im Gegensatz zu ihrem täglichen Tun. Insbesondere in der Notfallmedizin reduziert sich alles Handeln nämlich genau auf die Befriedigung der allerdringlichsten körperlichen Bedürfnisse überhaupt. Ohne das Kümmern um genau diese dringendsten Bedürfnisse würden die Patienten unnötig leiden, Schaden nehmen oder sogar sterben. Im Klinikalltag ist das Thema also allgegenwärtig und so selbstverständlich, dass es im Kampf um Leben und Tod eingesetzt wird. "Reicht doch eigentlich!" Denken Sie? "Jammerschade!" denke ich, "denn es gibt noch viel mehr ganz alltägliche Probleme, die man so lösen könnte." Okay, diese mögen vielleicht nicht ganz so spektakulär sein wie ein Herzinfarkt oder ein Motorsägenunfall. Doch ihre quälenden und schmerzlichen Eigenschaften sind nicht zu unterschätzen.

Die drängendsten und häufigsten Alltagsprobleme sind:
- **plötzlicher Stress** (z.B. unerwartetes Glück oder Pech)
- **geplanter Stress** (z.B. Prüfungen, Vorträge, eigene Hochzeit)
- **Übergewicht** (Fressattacken und Fresssucht)
- **Liebeskummer** (Sehnsucht und unerfüllte Leidenschaften)

Ein einfaches Patentrezept zur Bewältigen dieser Probleme wäre tatsächlich einen Medizin-Nobelpreis wert, oder? Doch wer braucht schon Trophäen! Ich wäre auch schon ohne Preis unglaublich glücklich, wenn ich Ihnen mit diesem Büchlein ein paar neue Sichtweisen zeigen könnte, die Ihnen später helfen.
Wenn Sie Stress, Übergewicht oder Liebesfrust besiegt haben und Sie jemand danach fragt, wie Sie das geschafft haben. Wenn Sie dann sagen: "Ich habe da ein Buch gelesen. Ich leihe es dir aus, wenn du willst." Das wäre mein Traum! Wenn mein "Notfall-ABC der körperlichen Bedürfnisse" Ihr persönliches Mantra wird, an das Sie sich in schweren Zeiten erinnern und das Ihnen Halt gibt. Das Sie weitergeben an Menschen, die nicht mehr weiterwissen. Oder vielleicht sogar an Ihre Kinder oder Schüler.
Dazu hatte ich lediglich ganz Naheliegendes, nämlich das „Notfall-ABC“ mit der „medizinischen Hierarchie der körperlichen Bedürfnisse“ verknüpft. Als ich diese zwei Themenbereiche kombinierte, die vorher noch nie jemand in Zusammenhang gebracht hatte, konnte ich es selbst nicht fassen. War vor mir tatsächlich niemand auf diese schlichte Idee gekommen? Das konnte doch nicht wahr sein! Aber manchmal braucht es eben einen ganz banalen Zufall als Auslöser. Die meisten medizinischen Errungenschaften basieren übrigens auf Zufall.

Auch bei Alexander Fleming spielte der Zufall Schicksal. Er hatte im Labor ein paar Bakterien züchten wollen. Als er den Lohn seiner Arbeit ernten wollte, musste er feststellen, dass alles verschimmelt und die armen Bakterien tot waren. Was für ein Pech! Wie jammerschade um die ganze Mühe! Doch anstatt den Schimmel wegzuschmeißen und nochmals von vorne zu beginnen, dachte Herr Fleming nach. Bakterien sind nämlich keinesfalls überall so beliebt wie im Labor. Bei manchen Menschen sind sie für schlimme, ja manchmal sogar lebensgefährliche Krankheiten verantwortlich. Was also zunächst des Forschers Leid war, wurde den Patienten und deren Ärzten zur Freude. Rein zufällig hatte Herr Fleming das Penicillin gefunden, das sogar gegen Lungenentzündungen hilft und damit auch heute noch viele Leben rettet.
Auch bei mir spielte der Zufall eine entscheidende Rolle. Alles begann - wie übrigens in der Forschung häufig - mit einem Ärgernis. Ich ärgerte mich über Alexander Maslow. Nun ist Herr Maslow bereits verstorben, was die ganze Sache nur noch vertrackter macht. Tote lassen nämlich nicht mit sich reden und schon gar nicht diskutieren. Höchst ärgerlich! Ich wollte mich mit ihm auseinandersetzen, doch er hatte sich mir entzogen. Unwiederbringlich! Was aber hatte Herr Maslow verbrochen, was mich so berührte?
"Sexualität"! Das war das zündende Wort gewesen. Sexualität ist an sich ja nichts Schlimmes und mir als Ärztin in allen Höhen und tiefsten Abgründen sehr wohl bekannt. Doch war sie aus meiner Sicht von dem Verstorbenen völlig falsch eingeordnet worden. Herr Maslow hatte die Sexualität in einen Topf geworfen mit Hunger und Durst! Sie sozusagen dazwischen eingeklemmt, obwohl sie dort

nichts verloren hatte. Unverzeihlich! Sex sozusagen zwischen Cola und Mettwurst!
Der Psychologe Maslow gilt mit seiner Bedürfnispyramide als Urvater der Bedürfnistheorien. Bereits 1943 veröffentlichte er in der psychologischen Fachzeitschrift *Psychological Review* den Artikel über die Motivation des menschlichen Handelns. Er sortierte hierzu die Bedürfnisse in einer Art Hierarchie, die mit den körperlichen Bedürfnissen als Basis beginnt. Bei den körperlichen Bedürfnissen nennt er in seinem Text nur Hunger, Durst und Sexualität. Als weniger dringlich folgen das Bedürfnis nach Sicherheit, Liebe und Geborgenheit und schließlich Unwichtigeres wie Selbstverwirklichung. Seine Theorie wurde insbesondere in Disziplinen wie Religionslehre, Sozialwissenschaften, Philosophie und vor allem Wirtschaftswissenschaften geschätzt, um beispielsweise im Marketing das Kaufverhalten der Kunden zu verstehen beziehungsweise zu beeinflussen. Allerdings ist Maslows Theorie nicht nur eine der beliebtesten, sondern auch eine der umstrittensten. Sogar Maslow selbst musste zugeben, dass seine Theorie nicht auf zuverlässigen Daten beruhte. Vielmehr beschreibt er einfach seine Beobachtungen an Menschen und deren Verhalten. Er schloss daraus auf eine Begründung für bestimmte Motivationen und stellte fest, dass manche Bedürfnisse Vorrang vor anderen Bedürfnissen haben. Leider fehlte ihm dabei eine verlässliche Messgröße, die die so genannte "Hierarchie der Bedürfnisse" objektiv - also rein wissenschaftlich - sortieren würde. Wieso ist seit so vielen Jahren kein Wissenschaftler auf die Idee gekommen, die Bedürfnisse nach ihrer tatsächlichen medizinischen Dringlichkeit zu sortieren? Wie konnte das Offensichtliche so lange

übersehen werden? Für uns Ärzte aber ist das Sortieren nach Dringlichkeit ganz einfach, denn das logische Kriterium für eine Messung ist schlicht: die Zeit!
Wird ein dringendes körperliches Bedürfnis nämlich nicht befriedigt, so folgt unweigerlich irgendwann früher oder später der Tod. Und die Zeitspanne, nach der ein Bedürfnis sich selbst erledigt, kann man ganz einfach messen in Sekunden, Minuten, Stunden, Tagen, Wochen! Nun hängt es natürlich von der individuellen Konstitution des einzelnen Menschen ab, wann ein unbefriedigtes Bedürfnis zur Qual wird. War ein Mensch beispielsweise gerade auf der Toilette und hat seit mehreren Stunden nichts mehr getrunken, wird sich das dringende Bedürfnis des Wasserlassens länger unterdrücken lassen, als bei einer anderen Person, die eben drei Liter getrunken hat und seit Stunden nicht auf der Toilette war. Auch ein Perlentaucher wird die Luft – aufgrund seiner Übung – wahrscheinlich länger anhalten können, als ein Kettenraucher. In den folgenden Kapiteln werden daher ungefähre Mittelwerte bzw. Erfahrungswerte aus der Klinik zu Hilfe genommen.

Zusammenfassung

Neuartig und vielleicht bahnbrechend:

Kombination von „Notfall-ABC“ und „Dringlichkeit körperlicher Bedürfnisse“

Ziele:

Einfache Handlungsstrategien für die dringlichsten Probleme der Menschen (Stressbewältigung aller Art, Gewichtsreduktion, Liebeskummer), die es ermöglichen, in stressigen Situationen einen klaren Kopf zu behalten.

Übung 1

Manchmal bringt die Kombination zweier Dinge, die eigentlich nicht zusammengehören, besonderen Spaß und selten sogar einen Hochgenuss der besonderen Art. (So wie die Kombination von Notfall-ABC und körperlichen Bedürfnissen eben!)

Beim Essen kann man beispielsweise Marmelade auf Käsebrot schmieren oder wilde Ideen wie Chili-Schokolade oder Pfeffer an Erdbeeren ausprobieren. Welches war die ungewöhnlichste Kombi, die Sie jemals gekostet haben? Auch manche Kleidungsstücke bekommen in einer neuen Kombination einen besonderen Pepp. Probieren Sie es mal aus. Oder wie gefällt Ihnen klassische Musik mit Schlagzeug? Was wäre für Sie die unmöglichste Kombination zweier völlig unterschiedlicher Themen?

Übung 2

Halten Sie Ihre Nase zu und pressen Sie Ihre Lippen aufeinander. Welches ist das dringlichste körperliche Bedürfnis überhaupt? Wenn Sie möchten, können Sie die Zeit stoppen, wie lange Sie die Luft anhalten können.

Körperliche Bedürfnisse im Einzelnen

A – Atmen (die Luft zum Leben)

A

Dr. K: Das dringendste körperliche Bedürfnis überhaupt ist A wie?

Schlange: Arterhaltung!

Dr. K: Nein!

Schlange: Sex?

Dr. K: Sex fängt nicht mit A an.

Schlange: Aber Sex ist unverzichtbar für alles Leben auf der Erde!

Dr. K: Für die Fortpflanzung der gesamten Spezies auf lange Sicht ja, aber nicht für das unmittelbare Überleben des Einzelnen.

Schlange: Für mich aber!

Dr. K: Wie lange lebst du schon ohne ...?

Schlange: Jahrtausende!

Dr. K: Ach, und du bist noch nicht gestorben ohne Sex?

Schlange: Aber ich leide Höllenqualen!

Dr. K: Was aber die Theorie bestätigt, dass dein persönliches Überleben nicht unmittelbar vom Sex abhängt.

Schlange: Aber ...

Dr. K: Sex rettet niemals notfallmäßig deine lebenswichtigen Vitalfunktionen. Oder?

Schlange: Hmmm...

Dr. K: Sex dient einem viel höheren Ziel.

Atmen (die Luft zum Leben)

Die Atmung ist das absolut dringendste, körperliche Bedürfnis überhaupt. Der Weltrekord im Luftanhalten soll übrigens bei über 22 Minuten liegen. Länger schafft es sicherlich niemand. Ungeübte Luftanhalter bekommen schon nach weniger als einer Minute ein unangenehmes Gefühl.

In der Luft, die wir einatmen, sollte sich eine Sauerstoffkonzentration von circa 21 % befinden und möglichst keine Ruß- oder Staubpartikel. Der Körper und all seine fleißigen Zellen, ob in Leber, Niere oder Darm, benötigen Sauerstoff wie ein Toaster den Strom aus der Steckdose.

Der Abnehmer Nummer eins für den Sauerstoff ist das Gehirn. Es ist so gierig, dass bei Sauerstoffmangel der ganze äußere Kreislauf heruntergefahren wird. Die Blutgefäße ziehen sich zusammen und verengen sich. Arme und Beine werden dabei unterversorgt. Der Kreislauf reduziert sich dann vor allem auf das Gehirn, das Herz und die Lunge. Ein bisschen bekommt gnädigerweise der Rumpf mit den Bauchorganen ab. Aber die Peripherie wird abgehängt. Tja, die Steuerzentrale sorgt eben ganz egoistisch für sich selbst. Und könnte das Gehirn reden, würde es den anderen Organen sicher erklären: "Ich tue es doch nur für Euch! Schließlich muss ja jemand von uns bei Verstand bleiben!"

Auf das Luftholen verschwenden wir normalerweise keinen einzigen Gedanken. Es funktioniert automatisch. Doch wir Ärzte müssen uns fast täglich damit herumschlagen:

Es beginnt bereits am Anfang des Lebens vor der Geburt. Hat das Ungeborene die Nabelschnur um den Hals? Oder verschluckt es sich beim Geburtsstress gar am Fruchtwasser? Bei einer Frühgeburt ist die Lunge zu allem Übel noch nicht ganz fertig entwickelt und das erschwert die Sauerstoffaufnahme zusätzlich. Und schon machen sich Frauenärzte, Hebammen und Kinderärzte zu Recht größte Sorgen. Luftnot bereits zu Beginn kann ein zunächst unbeschwertes, zukünftiges Leben schnell zum Albtraum machen. Sauerstoffmangel verwandelt ein kluges Köpfchen im Handumdrehen fürs ganze restliche Leben zum Pflegefall. Schuld daran ist das empfindliche Gehirn, das schon nach wenigen Minuten ohne Sauerstoff gravierenden Schaden nehmen kann.

Doch auch später kann Sauerstoffmangel das ganze Leben verändern:

In der Kinderklinik versorgte ich einen kleinen Jungen, der in einen Teich gefallen war. Er hatte zwar überlebt, doch war er seither rundum pflegebedürftig. An sein Bettchen hatten die Eltern ein Foto aus unbeschwerten Tagen gehängt. Jedes Mal, wenn ich das lächelnde, goldige, gesunde Kind auf dem Bild mit meinem Patienten verglich, bekam ich feuchte Augen. Was für ein grausamer Vergleich! Waren die beiden wirklich ein und dieselbe Person? Kaum zu glauben, obwohl sich eine gewisse Ähnlichkeit nicht leugnen ließ. Welch ein unfassbares Unglück! Nur ein paar Minuten ohne Sauerstoff hatten für ihn und seine Familie alles radikal verändert.

Doch das Atmen dient nicht nur zur Sauerstoffaufnahme. Ebenso wichtig ist das Ausatmen von Kohlendioxid. CO_2 entsteht als Abfallprodukt in allen arbeitenden Zellen des Körpers. Wie das Auto aus dem Auspuff stoßen auch wir Kohlendioxid aus Mund und Nase aus. Dieser Vorgang macht uns normalerweise ebenfalls kein

Kopfzerbrechen. Bei Tauchern und panischen Patienten allerdings schon. Manchmal werden ihre Atemzüge zu flach und zu schnell. Sie leiden dann unter „Hyperventilation“. Dabei kommt meistens zwar genug Sauerstoff im Blut an. Das Kohlendioxid aber wird zum Problem. Schwindel, das Gefühl von Kurzatmigkeit, Kribbeln an Händen, Füßen und Kinn, schlimmstenfalls Muskelkrämpfe und Ohnmacht sind die Folge. Die ziemlich einfache Therapie heißt: beruhigen.

In der Notaufnahme der Kinderklinik stellten mir höchst besorgte Eltern ein 16-jähriges Mädchen vor. Die Patientin hatte ein so schwerwiegendes Kohlendioxid-Problem, dass sich ihre Hände in der so genannten "Pfötchen"-Stellung verkrampften. Alle Beteiligten waren in Angst und Panik. Nun gehört in so einer angespannten Situation schon viel dazu, die Nerven zu behalten und nicht selbst in Hektik zu verfallen. Medizinisches Wissen hat aber - so meine Erfahrung - immer einen verlässlichen Beruhigungsfaktor. Ich erklärte dem Mädchen zunächst, dass das Kribbeln und die Krämpfe in den Händen erst bei normalem Atmen verschwinden würden. Nun hilft es bei einem Gefühl von Kurzatmigkeit nicht wirklich, den Patienten aufzufordern: "Jetzt atmen Sie mal langsamer!" Die Panik verschlimmert sich, wenn der Patient merkt, dass er nicht in der Lage ist, die Aufforderungen umzusetzen. Viel wirksamer ist Ablenkung. Ich fragte das Mädchen also nach seinem Namen, Geburtsdatum. Adresse, Haustier und Hobby ... und schon waren wir mitten in einem ablenkenden Gespräch. Während das Mädchen antwortete, entspannten sich ihre Hände.

Ablenkung, Sprechen oder Singen verhelfen oft zu einer normalen Atmung. Oder anders gesagt: viele Reaktionen auf Stress oder Kummer beginnen mit einer veränderten Atmung.
Wir seufzen tief über Ungerechtigkeiten oder anderes Pech. Wir holen erschrocken Luft und halten den Atem an. Manchmal wagen wir vor lauter Anspannung kaum zu atmen. All diese psychisch bedingten Änderungen des normalen Atmens schlagen sich in verminderten Wohlbefinden nieder.

Zusammenfassung

Aufgaben der Atmung sind:

- Sauerstoffversorgung des Gehirns und aller nachrangigen Organe
- Abtransport von Kohlendioxid

Übung 1

Grundsätzlich werden zwei Atemtechniken unterschieden: die Rippen- und die Bauchatmung. Jede von beiden bewirkt dabei ein anderes Gefühl: wohltuend oder verkrampfend. In den folgenden Übungen können Sie diese selbst an sich ausprobieren:

Rippenatmung:

Stützen Sie sich nun im Sitzen seitlich mit durchgedrückten Armen z.B. auf der Stuhlsitzfläche ab. Beobachten Sie den Brustkorb bei seiner Bewegung nach oben und seitlich.
Ziehen Sie als nächstes die Schultern bei jedem Einatmen nach oben. Wie fühlt es sich an? Ziemlich verkrampft, oder?

Bauchatmung:

Nun lassen Sie die Schultern locker hängen und legen die Hände auf Ihren Bauch. Mit jedem Einatmen drücken Sie die Bauchdecke gegen Ihre Hände. Fühlt sich wohlig an, oder?

Profis legen beide Hände hinten am Rücken in die Nierengegend und versuchen nun "in die Hände" zu atmen. Das ist ziemlich schwierig und braucht Übung.

Diese Atemtechnik, die übrigens auch "Zwerchfellatmung" genannt wird, wirkt sehr entspannend und ist das Geheimnis guter Sänger.

Auch Meditations- und Entspannungstechniken verhelfen zu einer bewussten, tiefen Atmung.

Übung 2

Legen Sie Ihr flottestes Lieblingslied auf, tanzen und hüpfen Sie wie wild dazu, bis Sie ganz außer Atem sind. Spüren Sie, wie herrlich das Luftholen ist?

B – Bewegen
(rastlose Muskeln)

B

Dr. K: B wie ...

Schlange: Beischlaf!

Dr. K: Das zweit-dringendste Bedürfnis ist ...

Schlange: Begatten!

Dr. K: Nein, es ist viel basaler!

Schlange: Bumsen!

Dr. K: Du bist wirklich ein hoffnungsloser Fall!

Schlange: Ich will doch nur ...

Dr. K: Ja ja, ich weiß! Tollen Sex!

Schlange: Bbbbbbb ... ich komme nicht drauf!

Dr. K.: Stell dir vor, du liegst auf dem Rücken. Du versuchst, einfach nichts zu tun...

Schlange: Ich ersticke!

Dr. K: Atmen ist erlaubt. Was kannst du nicht unterdrücken?

Schlange: Den Gedanken an Sex!

Dr. K: Unabhängig von Gedanken...

Schlange: Keine Ahnung!

Dr. K: Schau doch! Du bewegst dich!

Schlange: Oh ja, B wie Bewegung!

Dr. K: Ja genau. Das zweit-dringendste Bedürfnis ist...

Schlange: Be-we-gung! Rhythmische Bewegungen! Oh ja!

Dr. K: Hat dir schon jemand gesagt, dass du total versaut bist?!

Schlange: Ich weiß gar nicht, was du meinst!

Bewegen (rastlose Muskeln)

Das nächste Kapitel verdanken wir einem 11-jährigen Kind namens Peter, der uns eines Tages besuchte. Ich muss zu meiner Schande gestehen, dass ich eines der wichtigsten körperlichen Bedürfnisse tatsächlich zunächst völlig übersehen hatte. In dem Moment, als mir mein Fehler bewusst wurde, ärgerte ich mich über mich selbst. Wie hatte ich mich ganz überheblich über den Psychologen Maslow und seine Einordnung der Sexualität lustig gemacht. Und jetzt das! Mir, einer erfahrenen Ärztin! So ein tiefgreifender Fehler!

Nun, der modernen Medizin kann man zwar einiges vorwerfen, doch im Gegensatz zu fundamentalen und radikalen Alternativen zeichnet sie sich durch eine Flexibilität des Denkens aus. Moderne Ärzte haften nicht zwanghaft an fixen Ideen. Vielmehr überprüfen sie ständig, was hilft, und verwerfen alles Unnütze oder gar Schädliche. Das Allerwichtigste aber ist, dass moderne Ärzte sich nicht für unfehlbar halten, sondern sich ihre Fehler, Irrtümer und Unzulänglichkeiten mit gutem Gewissen eingestehen können. Und zwar ohne das Gesicht zu verlieren. Trotzdem muss ich zugeben, dass sich folgender Satz wie eine schallende Ohrfeige anfühlte:

"Du hast den Bewegungsdrang vergessen." sagte Peter, nachdem er sich an unserem Esstisch meine Theorie von der Hierarchie der Bedürfnisse angehört hatte.

Für die Bewegungen unseres Körpers sind drei Arten von Muskeln zuständig:

- Glatte Muskeln sorgen zum Beispiel im Magen-Darm-Trakt für die Bewegung des Speisebreis. Sie lassen sich nicht willentlich steuern.

- Gestreifte Muskeln sind für alle willkürlichen und unwillkürlichen Bewegungen zuständig. Sie bewegen zum Beispiel Arme und Beine.
- Herzmuskeln sind etwas ganz Besonderes und gehören deshalb zu einer eigenen Kategorie.

Alle diese Muskeln sind ständig im Einsatz – die einen mit mehr (z.B. am Bizeps oder Waschbrettbauch), die anderen mit weniger (z.B. in der Speiseröhre oder Harnblase) Theatralik. Ständig zuckt in unserem Körper irgendwo irgendwas. Und ganz nebenbei und äußerst verlässlich und unentwegt: das Herz.

Wie also hatte ich dieses dringliche Bedürfnis der Bewegung in seiner Bedeutung unterschätzen können? Nun, eigentlich ganz einfach: Ich bin eine Erwachsene und damit viel träger als Kinder es sind.

Bei näherer Betrachtung ist es völlig einsichtig, dass ausgerechnet ein Junge mich darauf aufmerksam machte. Erinnern Sie sich an Ihren Schulhof? An Ihre Klasse? Nun, ich wette mit Ihnen, der größte Störenfried mit dem heftigsten Bewegungsdrang war ein Junge. Stimmt's? Es gibt zwar auch wilde kleine Mädchen, aber statistisch gesehen, bewegen diese lieber ihr Mundwerk als ihre Gliedmaßen.

Wie oft bekommen Jungs gesagt: "Jetzt bleib doch endlich still sitzen!" oder "Zappele nicht so viel!" Heutzutage sollen die kleinen Racker auch schon im Alter von 5 Jahren in die erste Klasse gehen. Als Einschulungsärztin beobachtete ich oft erstaunt den Übereifer der Eltern. Es war, als gäbe es ein Wettrennen zu gewinnen ... um was eigentlich? Wem nutzt der Turboritt durch die Schulzeit? Den Eltern liegen die Kinder kürzer auf der Tasche und die

Gemeinschaft hat früher Arbeitskräfte. Ich gebe zu, diese Wünsche sind durchaus nachvollziehbar. Was aber dabei auf der Strecke bleibt, ist das Wohl des einzelnen Kindes.

Um nämlich einen möglichst frühen Schulstart zu ermöglichen, scheint jedes Mittel recht zu sein. Wie oft habe ich mich bei manchen Kindern über den Einsatz von Methylphenidat gewundert. Dieses Medikament soll bei ADHS helfen, dem Zappelphilipp-Syndrom. "ADHS" ist aus meiner Sicht zu oft eine Mode-Diagnose übertrieben ehrgeiziger Erwachsener, die ein Wildpferd unbedingt vor den Pflug spannen wollen, statt es springen zu lassen. Ich habe in meinem Berufsleben bisher nur zwei Kinder gesehen, bei denen ich der ADHS-Diagnose aus vollem Herzen zugestimmt habe, weil sie tatsächlich keinen Gedanken zu Ende führen konnten.

In diesem Zusammenhang scheint sich Geduld in unserer Welt auf eine viel zu kurze Zeitspanne zu beschränken. Dabei vergeht Wildheit mit den Jahren völlig von selbst. Sehen Sie sich doch einfach selbst an oder - noch besser - Ihren Ehepartner und Sie wissen, was ich meine! Wir Erwachsenen sind behäbig und gesetzt. Bewegung ist in unserer Gesellschaft ein notwendiges Übel geworden.

Ich wundere mich immer wieder, dass Millionen Euro in Gesundheitsförderung zu "Ernährung und Bewegung" bereits im Kindergarten gesteckt werden. Und das obwohl wissenschaftliche Studien zeigen, dass sie nachweislich nichts bewirken und dass das Bildungssystem danach sowieso alles dafür tut, den Bewegungsdrang zu bekämpfen als wäre er eine Krankheit! Und das nur, um uns später im Leben mühsam wieder beizubringen, wie wichtig Bewegung für die Gesundheit ist? Ist das nicht paradox?

Wie ich das Dilemma lösen würde? Was ich mir wünschen würde, wenn eine Fee zu mir käme? Statt Hausaufgaben, die sich wissenschaftlich bereits mehrfach als unnütz erwiesen haben, sollten Familien mindestens fünf Mal pro Woche „Spielen mit anderen Kindern für mindestens eine Stunde“ nachweisen müssen. Und zwar ohne Computer oder Handy. Dazu sollte es insbesondere in Großstädten unbegrenzt freien Eintritt zu gepflegten (Indoor-?) Spielplätzen mit unbegrenztem Trinkwasser geben. Das wäre aus meiner Sicht eine viel sinnvollere Investition der Bewegungsförderung! Und ich würde sogar noch weitergehen: Die erwachsenen Begleitpersonen bekäme einen Kaffee oder Smoothie für zehn gestrampelte Kilometer auf dem Ergometer geschenkt. Würden Sie da nicht auch gerne mitmachen?
Bewegungsdrang ist nämlich sowieso das zweitdringendste Bedürfnis des Körpers. Kleinere Kinder brauchen übrigens gar keinen Trainer, denn sie wissen noch, wie man sich selbst motiviert. Gehen Sie dazu gerne einmal zu einer Feldstudie auf einen Spielplatz Ihrer Wahl und beobachten Sie einfach, wie es abläuft.
Im Gefängnis hingegen ist die Einschränkung der Bewegungsfreiheit die schlimmste Strafe! Dazu passt folgende kleine Anekdote: Auf Lesereise mit meinem Kinderprogramm erzählte mir einer der Organisatoren begeistert, dass seine Einrichtung auch Veranstaltungen im Knast ausrichtete. Veranstaltungen mit Schulkindern und Gefängnisinsassen hätten aus seiner Sicht eine großartige Gemeinsamkeit: „Das Publikum kann nicht weglaufen!“
So hatte ich das tatsächlich noch nie betrachtet …

Anmerkung: Allen Besuchern meiner „nicht-geschlossenen", öffentlichen Lesungen möchte ich an dieser Stelle meinen allertiefsten Dank aussprechen, dass sie bisher auch ohne Zwang immer bis zum Schluss geblieben sind!

Zusammenfassung

Bewegung ist nicht nur bei Kindern eines der dringlichsten Bedürfnisse des Körpers. Muskeln bewegen sich, ob wir wollen oder nicht – ob unspektakulär im Darm, theatralisch im Bizeps oder verlässlich im Herzen.

Übung 1

Legen Sie sich möglichst still auf den Rücken und versuchen Sie, sich nicht zu bewegen. Beobachten Sie Ihre Atembewegung, die ja die dringlichste Bewegung ist. Was spüren Sie noch? Welche Bewegungen lassen sich als nächstes nicht anhalten? Das Pochen des Herzens? Augenzwinkern? Bewegungen der Bauchdecke?

Übung 2

Muskeln zucken auch völlig unwillkürlich. Welche Beispiele fallen Ihnen dazu ein? (z.B. heiße Herdplatte, lauter Knall …)

C – Check der Lebenssicherheit (Überlebensinstinkt)

C

Dr. K: C wie ...

Schlange: Coitus!

Dr. K: Warst du schon mal beim Psychiater?

Schlange: Nein, wieso?

Dr. K: Du bist ja ganz besessen von Sex.

Schlange: Meinst du?

Dr. K: Das könnte eine Zwangsstörung sein.

Schlange: Hast du Handschellen?

Dr. K: Wie bitte?

Schlange: Du darfst mich auch gerne ans Bett fesseln.

Dr. K: Siehst du? Das meine ich!

Check der Lebenssicherheit

Aus medizinischer Sicht folgt fast zeitgleich bzw. unmittelbar nach dem Bewegungsdrang das Bedürfnis nach dem Erhalt der körperlichen Unversehrtheit.
Mit den sogenannten Reflexen bringt sich der Körper rasch in Sicherheit, ohne dass wir es uns lange überlegen müssen. Fluchtreflexe und Fluchtinstinkte sind dafür das beste Beispiel. In kritischen Situationen wie beim Ausbruch eines Feuers verlassen wir fluchtartig den Gefahrenbereich. Allerdings nur in wachem Zustand. Wir benötigen daher Rauchmelder, die uns im Schlaf schützen.
Bei Babys beobachtet man noch Reflexe, die sich später im Laufe des weiteren Lebens zurückbilden. Ohne den Saugreflex wäre ein Kind nämlich schon am Anfang seines Lebens zum Tode verurteilt. Später ist dieser Reflex nicht mehr so überlebenswichtig und bildet sich daher zurück. Außerdem sind bei Babys Greifreflexe aller Art an Händen und Füßen zu beobachten, die wir als Erwachsene später nicht mehr brauchen. Bei Babys erinnern alle diese unwillkürlichen Reaktionen ein wenig an kleine Äffchen, die sich an ihrer Mutter festklammern müssen, damit diese ihren Nachwuchs beim Klettern nicht versehentlich verliert.
Bei uns Erwachsenen dominieren normalerweise die Abwehrreflexe. Tippt jemand Ihnen beispielsweise mit dem Zeigefinger zwischen die Augenbrauen, so schließen Sie zwangsläufig kurz die Augen. Dieser Lidschlussreflex ist sehr nützlich, um Verletzungen am empfindlichen Auge zu vermeiden. Auch der so genannte Patellarsehnenreflex schützt Ihren Körper.

Falls Sie die Kniesehne zufällig durch einen Stolperer anspannen, indem Sie plötzlich in die Knie gehen, dann richtet Sie dieser Reflex auf und kann so einen Sturz verhindern oder versucht es zumindest.
Auf Schmerzreize aller Art reagiert Ihr Körper also, um Sie in Sicherheit zu bringen. Fassen Sie auf eine heiße Herdplatte, dann ziehen Sie die Hand sofort weg - ohne Überlegung. Droht ein Fremdkörper den Rachen zu verlegen, so folgt der Würgereflex. Ob Sie wollen oder nicht. Verstopft etwas Ihre Atemwege, kommt es zum Hustenreflex. Auch wenn Sie in einer Veranstaltung wie zum Beispiel einem Konzert sitzen und Ihre Mitmenschen eigentlich nicht stören wollen. Die Sicherheit und der Erhalt Ihres Lebens haben oberste Priorität.
Manche unwillkürlichen Reaktionen können Sie im Laufe Ihres Lebens auch erlernen. Nehmen wir dazu das etwas veraltete Beispiel des Nudelholzes, mit dem die Ehefrau hinter der Eingangstür auf ihren Mann wartete. Der „Göttergatte", den es vermutlich auch nicht mehr in dieser Ausprägung gibt, zog den Kopf bald auch dann ein, wenn seine Frau gar nicht zugegen war. Leidvolle Erfahrungen bringen den Körper also dazu, in ähnlichen Situationen den Eigenschutz zu optimieren.
Der Sinn von Schutz- bzw. Abwehr-Reflexen ist in jedem Fall, Ihren Körper möglichst unbeschadet aus jeder Situation zu retten, auch dann, wenn Sie selbst mit Ihren Gedanken ganz woanders sein sollten.
Ihre Sinne checken für Sie permanent die Lage. Der Überlebensinstinkt ist im gesunden Normalfall also immer stärker und schneller als der Wille.

Manchmal können Sie es sich gar nicht erklären, warum Sie in gewissen Situationen ein ungutes Gefühl beschleicht. Ihr "Bauchgefühl" rät Ihnen zur Flucht. In so einem Fall ist es sicher klüger, sich aus der vermeintlichen Gefahr zu bringen. Angst ist eine natürliche Schutzreaktion, auf die Sie zunächst immer hören sollten. Höhenangst kann zum Beispiel für Schwangere und junge Mütter äußerst hilfreich sein. Sie verhindert, dass sie sich unnötig in Gefahr bringen und womöglich nach einem Unfall nicht mehr für das Großziehen Ihres Nachwuchses zur Verfügung stehen. Und was bitte ist eigentlich so verkehrt an einem unguten Gefühl Spinnen, Schlangen oder Hunden gegenüber? Jedenfalls solange Sie kein Tierpfleger oder Tierarzt sind. Muss man tatsächlich alles gelassen aushalten? Warum eigentlich? Auch wenn man zwischen schwitzenden, stinkenden Leibern in der Straßenbahn oder im Aufzug eingequetscht ist? Die Enge nimmt Ihnen ja tatsächlich Fluchtmöglichkeiten und verletzt vielleicht sogar Ihre Intimsphäre durch unerwünschten Körperkontakt. Außerdem wäre Treppenlaufen oder Radfahren sowieso die gesündere Wahl!
Sollten Ängste jedoch so sehr überhand nehmen, dass sie Ihnen ein normales Leben unmöglich machen, so suchen Sie bitte einen Psychiater oder Psychotherapeuten auf.

Zusammenfassung

Ganz automatisch und meistens völlig nebenbei checken wir die Lage und unsere Umgebung auf mögliche Gefahren. Schutzreflexe und instinktive Handlungen aller Art schützen den Körper vor Schaden oder gar Tod.

Übung 1:

Überprüfen Sie Ihre Rauchmelder. Diese sind nicht nur gesetzlich vorgeschrieben, sondern sie retten Leben!

Übung 2:

Befragen Sie Ihre Sinne: Rieche ich etwas Unangenehmes? Sehe ich etwas Gefährliches? Höre ich etwas Seltsames? (Nein, der schnarchende Ehemann auf dem Sofa ist **nicht** gemeint!) Was sagt mein Bauchgefühl?

Ist mein Leben im Augenblick sicher?

Wenn nein: Raus hier und an einen sicheren Ort!

Wenn ja: zurücklehnen und durchatmen!

D – Durst (Wasser des Lebens)

D

Dr. K: D wie ...?

Schlange: Keine Ahnung!

Dr. K: Ah, es scheint langsam nachzulassen!

Schlange: Was?

Dr. K: Deine zwanghafte Fixierung auf Geschlechtsverkehr.

Schlange: Nein!

Dr. K: Wie bitte?

Schlange: Mir fällt nur kein Begriff ein.

Dr. K: Zu D?

Schlange: Ja.

Dr. K: Ist doch ganz einfach: Defloration!

Schlange: Deflo-was?

Dr. K: Entjungferung.

Schlange: Du bist noch Jungfrau?

Dr. K: Vom Sternzeichen schon.

Durst (Wasser des Lebens)

Stellen wir uns vor, wir sind auf einer Wanderung. Wir atmen, wir bewegen uns und wir fühlen uns in Sicherheit, denn es ist kein wildes Tier weit und breit in Sicht, das uns vielleicht nach dem Leben trachten würde oder uns verletzen könnte. Die Sonne brennt uns erbarmungslos auf den Schädel. Welches wäre unser nächst dringendstes Bedürfnis? Wasser trinken!

Unser Körper besteht zu mehr als der Hälfte aus Wasser. Eigentlich also ganz logisch, dass Durst viel, viel quälender ist als Hunger.

Oder anders gesagt: Ohne Wasser sind wir nichts als Staub. Unser empfindlichstes Organ ist das Gehirn, dem ein Wassermangel als erstes zu schaffen macht. Fehlt ihm Wasser, funktioniert es nicht mehr richtig. Bei einem Sonnenstich oder bei alten Menschen, die aufgrund mangelnden Durstgefühls zu wenig trinken, kann man dieses Phänomen beispielsweise sehr gut beobachten. Der Durstige spricht wirres Zeug und ist nicht mehr orientiert. Fehlt dem Körper Wasser, kann das zwei Gründe haben: 1. zu wenig Wasseraufnahme durch Trinken und 2. zu viel Ausscheidung durch vermehrtes Wasserlassen oder Schwitzen.

Ein "Kater" nach einem Alkoholexzess ist übrigens auf einen relativen Wassermangel im Gehirn zurückzuführen. Alkohol bewirkt nämlich, dass mehr als sonst ausgeschieden wird. Kopfschmerzen, Reizbarkeit und Übelkeit sind die Folge. Um einem Brummschädel vorzubeugen, trinkt man daher am besten viel Wasser zum Alkohol dazu.

Auch bei vermehrter körperlicher Anstrengung z.B. durch Sport verliert der Körper Wasser. Mineralwasser zu trinken wäre hier das völlig ausreichende Gegenmittel. Der Wasserhaushalt des Körpers beschränkt sich jedoch nicht nur auf Trinken und Ausscheiden. Die Bewegung der Flüssigkeiten im „Herz-/Kreislaufsystems" – umgangssprachlich auch Körperwasser genannt - verlangt dem Körper die meiste Energie ab. Dabei hält die Umwälzpumpe des Körpers, das Herz, als leistungsstarker Motor das Blut in ständiger Bewegung. Denn Stillstand würde schlimmstenfalls den Tod bedeuten. In geordneter Fließrichtung wird Blut also zuerst in der Lunge mit Sauerstoff angereichert, und dann zusammen mit Nährstoffen auch in die hintersten Körperwinkel transportiert. Von dort werden Abfallstoffe mitgenommen und zur Entsorgung in Leber und Niere gespült, die wie Kläranlagen funktionieren.
Doch Wasser ist nicht nur in der Blutautobahn und den Körperzellen zu finden. Als Schmierstoff und Reinigungslösung dient es beispielsweise als Tränenflüssigkeit, Nasenschleim oder Spucke. Gelenk- oder Sehnenscheidenflüssigkeit ermöglicht uns eine reibungslose Beweglichkeit der Gliedmaßen. Und auch im Sexualbereich ermöglichen erst Flüssigkeiten ein ungestörtes Vergnügen und letztlich die Fortpflanzung.

Wasser hat also für den menschlichen Körper eine unbestreitbare Wichtigkeit. Daher ist Durst eines der dringendsten Bedürfnisse überhaupt. Sauberes Trinkwasser ist zusammen mit sauberer Luft folglich das kostbarste Gut für das Leben auf der Erde.

Zusammenfassung

Durst ist sehr praktisch – ähnlich wie die Tank-Warnleuchte im Auto, denn Durst zeigt einen Mangel an Wasser, dem wichtigsten Lebenselixier, an. Damit ist Durst neben Atemnot eines der quälendsten Bedürfnisse überhaupt.

Übung 1

Nehmen Sie einen Schluck Wasser und spülen damit den Mund. Spüren Sie dem Nass nach, wie es sich zwischen der Innenseite ihrer Wangen, den Zähnen, der Zunge und dem Rachen bewegt. Werden Sie zum Wasser-Gourmet und probieren Sie verschiedene Sorten Tafelwasser aus. Schmecken Sie die Unterschiede?

Übung 2

Eine Tasse Tee - ganz ohne Zucker oder sonstigen Schnickschnack. Probieren Sie doch mal ein paar ganz neue Teesorten! Wussten Sie eigentlich, dass eine warme Tasse in der Hand nachweislich gnädiger stimmt? Denken Sie daran, falls ein schwieriges Gespräch ansteht und Sie Ihren Gesprächspartner wohlwollend stimmen möchten.

Übung 3

Beobachten Sie die Farbe ihres Urins. Je nachdem, ob sie viel oder wenig getrunken haben, ist er ganz hell oder dunkel.

E – Entleeren (ein dringendes Bedürfnis)

E

Schlange: E wie Erektion, Ejakulat, eheliche Pflichten!

Dr. K: Schon gut!

Schlange: Bist du eigentlich verheiratet?

Dr. K: Nicht mehr ...

Schlange: Ja, von Mistkerlen sollte man sich trennen!

Dr. K: Ich bin nicht geschieden.

Schlange: Nein?

Dr. K: Ich bin Witwe.

Schlange: Oh, wie wunderbar!

Dr. K: Wie bitte?

Schlange: Ich meine natürlich ...

Dr. K: Was?

Schlange: Ungebundenheit eröffnet neue Möglichkeiten!

Dr. K: Wem?

Schlange: Mir.

Entleeren (ein dringendes Bedürfnis)

Obwohl fast jeder nach „D wie Durst“ das „E wie Essen“ erwartet, ist die Nahrungsaufnahme doch lange nicht so dringend wie landläufig angenommen.

Nehmen wir das Beispiel der Wanderung, bei der wir atmen, uns bewegen, ständig checken, ob uns kein wildes Tier oder sonstige Gefahren auflauern, und aus unserer Wasserflasche trinken. Was ist das nächste dringende Bedürfnis? Nun, das "dringende Bedürfnis" natürlich: die Ausscheidung. Medizinisch unterscheiden wir die flüssige Ausscheidung, das sogenannte Urinieren, und die feste, das Absetzen von Stuhl. Der Harndrang oder der Stuhldrang lässt sich zwar zeitweise durch ein Zusammenpressen der Oberschenkel, beziehungsweise Pobacken unterdrücken. Werden die dringenden Entleerungsbedürfnisse jedoch über längere Zeit ignoriert, geht es unweigerlich "in die Hose".

Da die Ausscheidungen als ekelhaft gelten, sind sie im normalen Umgang Tabuthemen. Nicht jedoch im Klinikalltag. Bei meinem ersten Pflegepraktikum kostete es mich zuerst eine immense Überwindung, die routinemäßige Frage zu stellen: „Wann hatten Sie das letzte Mal Stuhlgang?“ Denn wann erkundigt man sich bei wildfremden Menschen schon nach deren Ausscheidungen? Doch was sonst völlig ungehörig wäre, erfüllt im Krankenhaus natürlich einen Sinn und Zweck, denn das Wissen über Verstopfung oder Durchfall könnte behandlungsrelevant sein. Auch die Tatsache, dass jeder Mitarbeitende der großen Gruppe der Pflegenden diese Frage als eine Notwendigkeit ansieht, hilft gegen die anfängliche Peinlichkeit.

In der Anonymität des Internets dagegen ist manches nicht mehr peinlich. Daher gibt es mittlerweile auch Texte und Ratschläge zum "richtigen Entleeren" ... und das bringt manchmal seltsame Blüten hervor oder wie man heutzutage sagt: "Fake News" oder "alternative Wahrheiten". Beispielsweise werden spezielle Hocker angepriesen, die man sich vor die Toilette stellen soll, damit es besser flutscht. Das soll Hämorrhoiden vorbeugen ... und entsorgt nebenbei auch den lästigen Lebenspartner, der sich wegen der Stolperfalle womöglich das Bein bricht oder vielleicht sogar gleich das Genick.

Doch Scherz beiseite: Woher kommt dieser gefährliche Unfug?

In den Texten werden die Unterschiede zwischen Hock-WCs und Sitz-WCs erläutert. In Ländern mit Hock-WCs sind Hämorrhoiden nicht so verbreitet wie in Ländern mit Sitz-WCs. Also liegt der Schluss nahe, dass es einen Zusammenhang geben muss. Nämlich: *Sitz-WCs machen Hämorrhoiden!* Daher scheint der Wunsch ganz logisch, auf dem Sitz-WC in die Hockposition zu kommen, indem man die Füße höherstellt. Doch in Ländern mit Sitz-WCs leben die Menschen länger als in Ländern mit Hock-WCs. Trotzdem würde niemand jemals behaupten: *Hock-WCs bringen Menschen um!* Die zweite Behauptung ist allerdings genauso wahr oder falsch wie die erste.

Denn, wo sich zunächst ein kausaler Zusammenhang aufdrängt, ist oft gar keiner. Auch wenn wir ihn noch so wünschen würden. So gibt es zum Beispiel eine statistisch nachweisbare Korrelation (Wechselbeziehung) zwischen Geburten und Störchen. Der Schluss, dass Störche die Babys bringen, ist aber natürlich ein

Ammenmärchen. (Ich hoffe, ich habe Ihnen damit keine Illusionen genommen!)
Viel wahrscheinlicher ist also wohl die Aussage, dass Hämorrhoiden schlicht bei älteren Menschen häufiger vorkommen als bei jungen - ganz unabhängig davon, ob Sitz- oder Hock-WC. Aber auch diesen kausalen Zusammenhang kann man in Frage stellen. Denn im Grunde ist auch diese Annahme reine Spekulation. Wenn uns Ärzten also der Kopf schwirrt und wir nicht mehr wissen, was wir überhaupt noch glauben sollen, gibt uns folgende Regel aus der Antike eine grobe Orientierung: "*Primum non nocere, secundum cavere, tertium sanare*!" (Lateinisch für „Erstens nicht schaden, zweitens vorsichtig sein, drittens helfen!")
Im Prinzip ist es also zunächst völlig egal, ob Sie sich nun für einen Klohocker entscheiden oder nicht. Allerdings nur, solange Sie damit nicht ihre Gesundheit und ihr Leben oder das von anderen Menschen gefährden! Wenn also ein erhöhtes Unfallrisiko billigend in Kauf genommen wird, so hört der Spaß definitiv auf!

Nähern wir uns also ganz vorsichtig dem emotional aufgeladenen Thema der Entleerung. Schließlich hat jeder Einzelne von uns das Gefühl, auf diesem Gebiet Experte zu sein. Wir besuchen immerhin nicht erst seit gestern die Toilette!
Wenn wieder einmal Lehrmeister und Internet-Gurus Verwirrung stiften, helfen objektive Beobachtungen der menschlichen Anatomie.
Die Mechanik zwischen Knochen, Muskeln und Gelenken lässt nämlich wenig Spielraum für Spekulationen und ist eigentlich kaum anfällig für Fehlschlüsse.

Eine starke Beugung in der Hüfte führt durch Hebelkräfte an Sehnen und Muskeln zu einem Aufweiten der Analöffnung. Dieser Mechanismus ist ähnlich vorhersehbar, wie der einer Türklinke: Nach dem Herunterdrücken der Türklinke kann mit ziemlicher Sicherheit ein Öffnen der ganzen Tür erfolgen (, solange sie nicht abgeschlossen ist). Der mechanische Vorgang lässt sich übrigens beliebig oft wiederholen, jedes Mal äußerst verlässlich mit demselben Ergebnis: Der After öffnet sich nach Hüftbeugung.
Mit dem Anwinkeln der Knie lässt sich dieser Mechanismus aber beispielsweise nicht auslösen. Auch eine Bewegung in den Fußgelenken beeinflusst den Anus nicht. Daher ist es auch überhaupt nicht nötig, beim Entleeren Verrenkungen zu machen, die die Knie oder Fußgelenke betreffen – etwa bei einer Hockposition.
Das Anwinkeln in der Hüfte aber spielt sehr wohl eine entscheidende Rolle. Vulgär formuliert, hieße es also: *Man scheißt aus der Hüfte und nicht aus den Knien!*
Verschonen Sie also bitte sich selbst und Ihren Ehepartner mit unnützen Stolperfallen im WC! Legen Sie stattdessen ganz einfach Ihren Bauch auf die Oberschenkel! Das mag Ihnen zunächst ungewohnt oder ungemütlich erscheinen, aber auf dem Sitz-WC ist diese Haltung allemal praktischer als eine erzwungene Hochstellung der Füße. Oder anders ausgedrückt: Es ist im Prinzip völlig egal, ob sie „die Knie zum Brustkorb“ oder „den Brustkorb zu den Knien“ bewegen. Nur eines wäre wirklich wichtig: Verletzen Sie sich oder andere dadurch nicht! (Für Klohocker-Fetischisten bedeutet das konkret: Hocker nach dem Einsatz unbedingt wegräumen!)

Außer der mechanischen Öffnung des Anus durch Hüftbeugung gibt es übrigens noch weitere hilfreiche Tricks für eine ungestörte Entleerung:

1. Bewegung
2. ballaststoffreiche Ernährung
3. kein Pressen beim Toilettengang
4. Normalisierung des Körpergewichts
5. Ausreichend Wasser trinken

Ist es nicht seltsam, dass über diese Punkte lange nicht so viel geschrieben wird, wie über die Hüftbeugung?

Zusammenfassung

Eine starke Beugung in der Hüfte ist ein Geheimnis für eine ungestörte Entleerung. Doch auch weitere Faktoren können maßgeblich gegen eine Hämorrhoidenbildung wirken: Eine ballaststoffreiche und wasserreiche Ernährung, Geduld, Gewichtsabnahme und Bewegung.

Übung 1 (Hausmittel-Rezept)

Obst, Gemüse und Vollkorn enthalten viele Ballaststoffe, die wie ein Schwamm aufquellen und den Stuhl weich machen. Falls Sie trotzdem zu Verstopfung neigen, probieren Sie folgendes Rezept: ***Pflaumen-Dessert*** aus: 1 Becher (200-250g) saure Sahne oder Crème fraîche mit 3 Esslöffel Pflaumenmus und 1 Teelöffel Leinsamen. Danach ein großes Glas Apfelsaft trinken, dann flutscht es wie geschmiert. (Achtung: Nicht nach 14 Uhr einnehmen und nur einmal am Tag. Bei Kindern Dosis halbieren. Nicht für längere

Anwendungen geeignet, sondern nur für maximal zwei Tage hintereinander!)

Übung 2 (Hüftwinkel)

Trainieren Sie die Beugung in der Hüfte, denn: ***"Man scheißt aus der Hüfte und nicht aus den Knien!"***

.

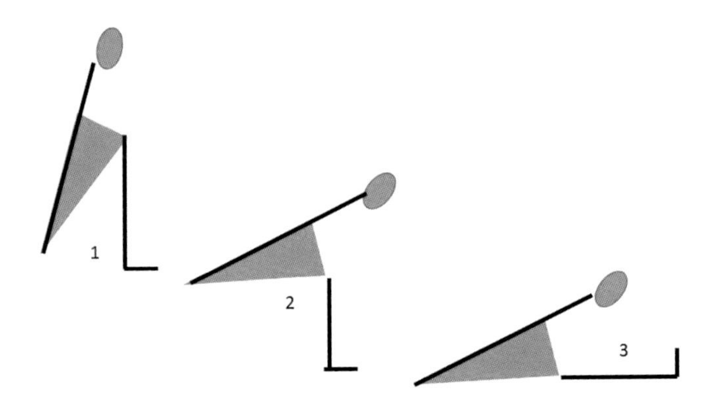

Abbildung (© Dr. Mottl-Link): verschiedene Ausscheidungsarten.

1. Hockstellung
2. Gebeugte Sitzposition
3. Gebeugte Hüfte mit gestreckten Beinen

Obwohl Ihnen Punkt 3 in der Abbildung zunächst vielleicht witzig erscheint, hat diese einen sehr ernsten Hintergrund: Im Altersheim fällt die Entleerung auf der Bettpfanne unter anderem deshalb besonders schwer, weil die Hüfte nicht mehr angewinkelt werden kann. Falls Sie sich also auf später vorbereiten möchten, sollten Sie Ihre Hüftbeweglichkeit durch Sport möglichst gut erhalten. Die beste Übung dafür ist, den Bauch bei gestreckten Beinen auf die Oberschenkel zu legen (siehe Abbildung). Ziemlich schwierig, ich weiß! Aber diese Übung lohnt sich.

Übung 3 (Geduld)

Definieren Sie Ihre „Sitzung“ vom „Unangenehmen und Lästigen“ zur „wohlverdienten Rast“. Nehmen Sie ein gutes Buch oder sonstigen Lesestoff mit auf die Toilette. Das verschafft selbst Ungeduldigen die nötige Ruhe. (Auf keinen Fall pressen!)

F – Faulenzen (Ruhe und Schlaf)

F

Schlange: Ficken!

Dr. K: Auch, wenn es mit F anfängt...

Schlange: Flachlegen!

Dr. K: ... ist es trotzdem kein dringendes Bedürfnis.

Schlange: Das ist doch blöd!

Dr. K: Was?

Schlange: Dass Sex immer noch nicht dran ist.

Dr. K: Nur Geduld!

Schlange: Ich will aber nicht bis S abwarten!

Dr. K: Keine Bange. Wir nehmen noch eine kleine Abkürzung.

Schlange: Du machst es ja echt spannend.

Faulenzen

Zumindest jetzt sollte nach Durst und Entleeren doch endlich Futtern oder sogar Fressen kommen. Oder? Doch so dringend wie wir es uns wünschen würden, ist die Nahrungsaufnahme immer noch nicht. Kommen wir wieder auf das Beispiel der Wanderung zurück, so folgt noch lange vor dem Hunger das dringende Bedürfnis, sich auszuruhen. Auf einer Bank oder einem Baumstamm kann man seine müden Muskeln genüsslich entspannen. Anstrengungen von Körper und Geist sind spektakulär. Oder anders ausgedrückt: Muskelspiel aller Art (und dazu zählt im Übrigen auch das Sprechen) stiehlt dem restlichen Körper die Show. Motivator für diese körperlichen Höchstleistungen ist das sogenannte sympathische Nervensystem, das uns in stressigen Zeiten zur Bestform trägt. Doch rauben diese Aktionen unserem Körper sämtliche Energien. Was passiert daher ohne Rast und Ruhe?

Der erste Marathonläufer der Welt (490 v. Chr.) lehrt es uns eindrücklich: Ohne entsprechendes Training kippt ein überanstrengter Körper schlichtweg tot um. Die Körperzellen müssen sich regenerieren, sonst sterben sie. Ausruhen aber bedeutet nicht etwa Stillstand, jedenfalls nicht für unseren Körper, sondern ständige Restaurierungsmaßnahmen und Reparaturarbeite. Und dafür braucht der Körper nun einmal Ruhe, oder medizinisch ausgedrückt, das parasympathische Nervensystem. Im Faulenzmodus ist der Körper nämlich alles andere als untätig. Wenn Muskeln und Gehirn auf Sparflamme sind, springt der Verdauungs- und Entsorgungsmotor erst so richtig an.

Außerdem werden kaputte Zellen ersetzt mittels sogenannter Mitose, der Zellteilung, die für die Erneuerung zuständig ist. Vor allem im Tiefschlaf kämpft der Körper so gegen Zerfall aller Art, wie Falten, Infektionen und sogar Krebs an. Daher findet man auch zu Recht die Ausdrucksweisen: Schönheitsschlaf oder "man schläft sich gesund". Auch andere Selbstreinigungsprozesse finden im Schlaf statt. Zum Beispiel ist der Raucherhusten nichts Anderes als ein Vorgang, der in Ruhe Rußpartikel durch Verpackungs- und Transportmechanismen aus der Lunge schafft. Ohne Schlaf und ohne die nötige Rast wird der Körper also krank. Schlaflosigkeit ist daher ein äußerst kniffliges und gesundheitsgefährdendes Problem. Auch bei einer Überfunktion der Schilddrüse kann man beobachten, wie ein rastloser Körper, dessen Stoffwechsel krankhaft hochgefahren ist, sich verändert. Die Patienten wirken wie überdrehte, getunte Rennwagen kurz vor der Überhitzung und Explosion. Unbehandelt ist die so genannte "thyreotoxische Krise" lebensbedrohlich.

Im Gegensatz dazu dient Biofeedback einer tiefen Entspannung. Hierbei richtet sich die Aufmerksamkeit auf körperliche Vorgänge, die normalerweise keine Beachtung erhalten. Sinn und Zweck der Übungen sind also, dass Angespanntheit von Entspanntheit besser unterschieden und kontrolliert werden kann. Wer sich jedoch ausreichend angestrengt hat, der weiß im Allgemeinen, was ihn entspannt. Wenn Sie nach getaner Arbeit also abends Ihre Füße hochlegen, sei es Ihnen von Herzen gegönnt. Faulheit und Schlaf haben tatsächlich eine gesundheitsfördernde Wirkung ... jedenfalls solange man nicht vergessen hat, vorher dem Bewegungsdrang den höheren Stellenwert einzuräumen.

Zusammenfassung

Ausruhen ist nichts Lästiges, für das wir uns schämen müssten. Faulenzen und Schlafen wirken wie ein Jungbrunnen. Während unserer Untätigkeit wehrt sich der Körper gegen Alterungsprozesse, Infektionen und Krebs.

Übung 1

Genießen Sie das Ausruhen der Muskeln nach ausgiebigem Atmen und Bewegen, Durststillen mit Wasser und dem Entleeren. Beim Rasten sind die Verdauungsgeräusche aus dem Bauch oft gut zu hören. Lauschen Sie ruhig, wenn Ihr Körper fleißig für Sie die Aufräumarbeiten im Körperinneren erledigt.

Übung 2

Für diese Aufgabe müssen Sie zuerst Ihren Puls tasten. Suchen Sie an Ihrem Handgelenk oder am Hals Ihren pochenden Puls. Nun schließen Sie die Augen und versuchen, willentlich den Puls zu verlangsamen. Das braucht zwar etwas Übung, erzeugt aber eine Art Selbsthypnose. Damit gelingt es, sich bei Bedarf selbst zur Ruhe oder sogar zum Schlafen zu bringen. Alternative: Stellen Sie sich vor, mit jedem Atemzug tiefer in Ihre Matratze einzusinken. Die Geborgenheit Ihres Bettes wird Sie wohlig umfangen.

G - Geborgenheit (Verwechslungen vermeiden)

G

Dr. K: Na?

Schlange: Ich mag nicht mehr!

Dr. K: G wie?

Schlange: Geschlechtsverkehr!

Dr. K: Nein!

Schlange: Glückseligkeit?

Dr. K: Du bist der Sache schon ganz nah.

Schlange: Nimmst du mich wenigstens mal in den Arm?

Dr. K: Ja klar! Wie fühlt sich das an?

Schlange: Schön!

Dr. K: Ist das alles?

Schlange: Sehr schön?

Dr. K: Und wenn ich so über deinen Rücken streiche?

Schlange: Hmmm!

Dr. K: Das Gefühl von Geborgenheit umfängt dich wie ein warmer Mantel...

Schlange: Geschlechtsverkehr wäre mir jetzt lieber!

Dr. K: Du Wüstling!

Geborgenheit

Werden körperliche Bedürfnisse wissenschaftlich nach ihrer Dringlichkeit sortiert, folgt nach F wie Faulenzen immer noch kein G wie Gaumenschmaus, sondern Geborgenheit. Dieses ist ein insbesondere von Erwachsenen in seiner Wichtigkeit meist völlig unterschätztes Bedürfnis, weil deren Aufmerksamkeit häufig eher auf Sexualtrieb beziehungsweise Geschlechtsverkehr gerichtet ist. Orientiert man sich jedoch am Kriterium der Zeitdauer, wie lange ein Bedürfnis unterdrückt werden kann, ohne dass der Körper Schaden nimmt, so scheidet der Sex direkt aus. Bei Kindern oder erwachsenen Menschen, die keinen Sex haben, weil Sie beispielsweise zölibatär leben, beobachtet man nämlich keine lebensbedrohenden Wirkungen der Sexabstinenz. Also spielt Sex für das unmittelbare Überleben des Einzelnen keinerlei Rolle.

Die übergroße Bedeutung, die in unserer Gesellschaft fälschlicherweise dem Sex zugemessen wird, könnte die Folge einer fatalen Verwechslung von der „Sehnsucht nach Geborgenheit“ und dem „Drang zum Geschlechtsverkehr“ sein. Da Geborgenheit sich auch unter Sexualpartnern einstellen kann, handelt es sich hierbei um einen verständlichen Irrtum.

Geborgenheit aber ist das Bedürfnis, sich bei mindestens einem Menschen oder in einer Gruppe aufgehoben, dazugehörig und beschützt zu fühlen. Bei Kindern kann man direkt beobachten, wie überlebenswichtig die Sehnsucht nach Geborgenheit ist.

Die Berichte vom Experiment Friedrichs II. von Hohenstaufen auf der Suche nach der Ursprache sind ein passendes Beispiel: Er ließ einigen Müttern ihre Neugeborenen wegnehmen und untersagte

den professionellen Betreuerinnen jegliche Art der Zuwendung. Schließlich wollte Friedrich wissen, welche Sprache Menschen sprechen würden, die kein Sprachvorbild hatten. Doch es war ein grausamer Versuch. Alle diese Kinder starben an mangelndem Geborgenheitsgefühl! Dieses Experiment zeigt also besonders drastisch die direkte Verknüpfung zwischen körperlicher Gesundheit und Zuwendung. Denn Berührung, sowohl körperlich als auch geistig, führt im Körper zu Hormonausschüttungen, vor allem des „Kuschelhormons“ Oxytocin. Wie sich das Fehlen von Zuwendung praktisch auswirkt, lässt sich auch im Krankenhaus beobachten:
In der Kinderchirurgie war ich für die medizinische Betreuung einschließlich der Wundversorgung eines circa einjährigen Babys zuständig. Die Mutter des Kleinen war völlig überfordert von der Krankheit ihres Kindes und weigerte sich schlicht, es nach der Operation zu pflegen. So wartete das Kind nun darauf, in die Hände von liebevollen Pflegeeltern übergeben zu werden. Alle anderen Kinder fingen ängstlich an zu weinen, wenn Ärzte oder das Pflegepersonal das Zimmer betraten. Oder sie waren zumindest misstrauisch. Sollte etwa wieder das Pflaster heruntergerissen werden, eine Spritze gegeben oder Blut abgenommen werden? Weißkittel bedeuteten immer Unannehmlichkeiten oder sogar Schmerzen. Doch das vernachlässigte Baby verhielt sich anders. Es strahlte jeden an, der hereinkam. Allen schenkte dieses Kind ein Lächeln. Es sagte damit: „Kümmere dich um mich! Nimm mich in den Arm! Hab mich lieb!“ Mir brach es fast das Herz! Ich widerstand nur knapp dem Impuls, es einfach mit nach Hause zu nehmen. Sobald es stehen konnte, schaukelte sich das Kleine hin und her.

Zur Seite und hin und her. Immer wieder. Es wiegte sich selbst und versuchte so, sich selbst Zuwendung zu schenken. Das Fachwort dafür heißt übrigens „Hospitalismus“.
Im Gegensatz zu Kindern können wir Erwachsenen uns die Gesichter unserer Lieben vor das geistige Auge rufen, selbst wenn sie nicht in unserer körperlichen Nähe sind. Bei der sogenannten "sicheren Bindung" sind uns unsere Liebsten immer ganz nah, weil wir sie im Herzen (medizinisch allerdings eher im Gehirn) mit uns tragen, wo immer wir auch hingehen. Auch wenn sie völlig mutterseelenallein sind, fühlen sich Kinder mit sicherer Bindung ab circa 6 Jahren nicht sofort einsam. Dennoch vergewissern sich Kinder immer wieder gerne körperlich der Nähe der Bezugsperson. Mit zunehmendem Alter tun sie dies jedoch immer weniger häufig als Umarmung der primären Bezugsperson oder eines Kuscheltiers, sondern ab der Pubertät eher durch den Kontakt mit Freunden oder möglichen Sexualpartnern. Auch Ersatzobjekte oder Haustiere können Geborgenheit schenken. Ein flauschiges Stofftier, ein wuscheliger Hund, eine Schmusekatze oder ein Meerschweinchen können Trost spenden.
Das Kuschelhormon Oxytocin spielt dabei eine so große Rolle, dass die Pharmaindustrie es sogar als Nasenspray dargeboten hat. Sozusagen für „Geborgenheit auf Rezept“ auch ohne Kuschelpartner. Doch leider wirkte das Oxytocinspray nicht wie erhofft. Geborgenheit setzt nämlich nicht nur ein einzelnes Hormon frei, sondern einen ganzen Cocktail. Ein buntes Feuerwerk aus Endomorphinen, Cortison, Stimulation des Serotonin-Dopamin-Belohnungssystems und noch Vielem mehr. Kuscheln wirkt somit tatsächlich schmerzlindernd, stärkt das Immunsystem, macht Haut

und Haar schön und sorgt für eine tiefe Entspannung. Schmusen hat also medizinisch gesehen viele gute Gründe.
In der Kinderheilkunde musste ich leider immer wieder beobachten, dass Eltern gar keine Ahnung mehr haben, wie wichtig ihre körperliche Zuwendung für ihre Kinder in Krisenzeiten ist. Hat sich ein Kind beispielsweise an der Tischkante gestoßen, wird es nicht etwa in den Arm genommen und getröstet, was tatsächlich den Schmerz und die Angst lindern würde. Nein, in den kleinen Mund werden eilig irgendwelche Zuckerperlen geschüttet. Dem Kind wird so der Mund mit Nahrung vollgestopft und dieses lernt, dass Frustessen eine tolle Sache ist. Auch hier wird deutlich, dass in unserer Gesellschaft die Wichtigkeit des Bedürfnisses nach Geborgenheit schlichtweg unterschätzt wird und der Nahrungsaufnahme eine überhöhte Bedeutung insbesondere als Ersatzdroge gegen Einsamkeit eingeräumt wird. Ein gefährlicher Irrtum, der zu Übergewicht führen kann.
Schon lange ist bekannt, dass beispielsweise Stillkinder später weniger zu Übergewicht neigen als Flaschenkinder. Bei älteren Kindern reduzieren gemeinsame Rituale und tägliche ungeteilte Aufmerksamkeit nachweislich das Risiko für Übergewicht und Stress. Auch die gemeinsame Nahrungsaufnahme wirkt in diesem Sinne. Es ist also nicht nur wichtig, was gegessen wird, sondern vor allem mit wem und in welcher Atmosphäre.
Doch kommen wir auf das Beispiel der Wanderung zurück. Wie macht sich das Bedürfnis nach Geborgenheit dort bemerkbar? Gehen wir in Begleitung stellt sich das Geborgenheitsgefühl bereits im Gespräch ein. Ohne Begleitung aber drängen sich beim Laufen unweigerlich Gedanken an unsere Mitmenschen auf. Lange vor

dem Verspeisen unseres Vesperbrotes erinnern wir uns zum Beispiel an die Lieben unseres Lebens. Und sogar Gedanken an die böse Nachbarin oder den blöden Chef schenken uns Geborgenheit, denn sie verortet uns sicher im Schoß der Gesellschaft. Noch lange vor der Nahrungsaufnahme.

Zusammenfassung

Erwachsene verwechseln die Sehnsucht nach Geborgenheit häufig mit Hunger und/oder sexuellem Begehren. Das Bedürfnis nach Zuwendung durch unsere liebsten Mitmenschen wird im Gegenzug völlig unterschätzt.

Übung 1

Lehnen Sie sich zurück und schließen die Augen. Denken Sie an die wichtigsten Menschen in Ihrem Leben. Wer bedeutet Ihnen besonders viel und warum? Haben Sie eigentlich auch sich selbst in der Liste Ihrer wichtigsten Menschen bedacht?

Übung 2

Welche lieben Menschen, Freunde oder Verwandte haben Sie schon lange nicht mehr gesehen? Wen vermissen Sie? Nach wessen Nähe „hungern“ Sie? Schenken Sie ungeteilte Aufmerksamkeit und achten Sie dabei auf direkten Augenkontakt!

H – Hunger (Nahrungsaufnahme)

H

Dr. K: Schau mich nicht so an!

Schlange: Wie?

Dr. K: Na, als wäre ich ein saftiges Schnitzel!

Schlange: Hmmm! Das wäre nicht halb so lecker.

Dr. K: Es ist ungehörig!

Schlange: Was?

Dr. K: Mich so anzustarren...

Schlange: ... als wollte ich dich vernaschen?

Dr. K: Ja!

Schlange: Ich mag nun mal Frischfleisch!

Dr. K: Gut, dass ich dafür wahrlich zu alt bin!

Schlange: Du bist noch ein Küken!

Dr. K: Ich muss doch sehr bitten!

Schlange: ... im Vergleich zu mir.

Dr. K: Wie alt bist du denn?

Schlange: Sehr, sehr viel älter als du.

Dr. K: Jetzt übertreib mal nicht!

Schlange: Wenn du wüsstest ... .

Hunger

Nahrung ist in unserer Überflussgesellschaft ständig verfügbar. Werbung dafür und unzählige Kochshows machen uns ständig den Mund wässrig. Essen ist überall ein Thema und spart keinen einzigen Lebensbereich mehr aus. Trotzdem ist Hunger ein Gefühl, das auch in unserer Zivilisation sehr gefürchtet ist. In der Kinderarztpraxis sitzen oft besorgte Eltern, deren Kinder "nichts" essen. Ein einziger Blick auf die Speckröllchen und das volle Gesichtchen des Nachwuchses verraten zwar, dass diese Wahrnehmung irgendwie nicht stimmen kann. Aber sei`s drum, das Kind muss etwas essen! Und zwar alles! Wenn ich als Ärztin dann versichere, dass ich in unserer Gesellschaft bisher noch niemanden habe verhungern sehen, ernte ich Staunen.
Die Nahrungsaufnahme insbesondere bei Kindern unterliegt tatsächlich riesigen Schwankungen. Hinsichtlich der täglichen Menge, aber auch dessen, was gegessen wird. So mögen die Kleinen an manchen Tagen eigentlich nur das Fleisch oder den Käse und lassen Nudeln und Kartoffeln links liegen. An anderen Tagen ist es genau umgekehrt. Besondere Sorge bereiten den jungen Eltern die Abneigungen gegen Gemüse, weil es doch für eine gesunde Ernährung wichtig ist. Das eifrige Bemühen der Eltern führt manchmal zu abstrusen Fütterungsversuchen. "Hier kommt der vollbeladene Zug und fährt jetzt in den Tunnel", ist da noch eine der harmloseren Varianten, um den kleinen Mund zum Öffnen und Schlucken zu bewegen. Neuerdings darf das Kind auch mal Handy spielen, damit es endlich etwas isst. Manch einer klettert den

Kleinen sogar auf dem Klettergerüst hinterher, um nebenbei zum Beispiel eine Banane im Rachen des Nachwuchses zu versenken. Die Nahrungsaufnahme wird zum Machtkampf, der am Essenstisch oder wahlweise sogar auf dem Spielplatz ausgefochten wird.
In der Kinderklinik hatten wir einen völlig absurden Fall eines 6-jährigen Mädchens, das "nichts" aß. Und das obwohl das Kind augenscheinlich keine körperlichen Mangelerscheinungen zeigte. Die verzweifelte Mutter nervte ihren Kinderarzt so lange, bis er beide schließlich in die Kinderklinik einwies. Wir beobachteten erstaunt, dass das Kind tatsächlich keinerlei feste Nahrung zu sich nahm. Allerdings trank es literweise Kakao und Fruchtsaft, die es offensichtlich mit allen wichtigen Vitaminen und Nährstoffen versorgten.
Die Erkenntnis, dass ihr Kind nicht verhungerte, obwohl es zugegeben etwas seltsame Essgewohnheiten (oder in diesem Fall wohl eher Trinkgewohnheiten) hatte, erleichterte die Mutter ungemein. Ihre Angst vor dem Verhungern ihres Kindes verflog und damit auch das seltsame Machtspielchen zwischen den beiden.
In unserer Zivilisation haben wir das Glück unseren Kindern ganz selbstverständlich alle möglichen Nahrungsmittel anbieten zu können. Wenn es eben nichts isst, dann isst es eben nichts. Fertig! Kein Extrakochen für die wählerischen Tyrannen! Aber auch kein Zwang zur Nahrungsaufnahme, kein Stopfen! Ein Kind ist keine Weihnachtsgans!
(Übrigens sollten auch Gänse nicht so gequält werden. Aber das ist ein anderes Thema … .)
Nahrungsaufnahme sollte keine aufgezwungene Weltanschauung sein.

Zusammenfassung

Nahrungsaufnahme sollte strikt von Geborgenheit getrennt werden. Falls Sie sich um jemanden kümmern möchten, dann tun Sie es mit Zuwendung (inklusive Umarmung, aktivem Zuhören, Augenkontakt und Körperpflege) und nicht durch Vollstopfen mit Nahrung!

Außerdem empfiehlt sich die uneingeschränkte Aufmerksamkeit aufs Essen, d.h. kein „In-sich-hinein-Mampfen“ während anderer einsamer Tätigkeiten wie zum Beispiel Fernsehen, Computerspielen oder sonstigem. Anders verhält es sich bei Obst und in Gesellschaft! (siehe Übung 1)

Übung 1

Stellen Sie nachmittags täglich einen großen Teller mit mundgerechten Obststücken auf den Tisch. Auch Erwachsene oder Kinder, die "sonst nie Obst essen" finden diese Auswahl höchst verlockend. In angenehmer, entspannter Atmosphäre schmeckt es gleich viel besser. Und wer einen Apfel pro Tag isst, braucht bekanntlich keinen Arzt.

Übung 2

Das Geheimnis gesunder Ernährung ist Vielfalt. Probieren Sie doch mal etwas völlig Neues aus! Unbekannte Rezepte, ungewöhnliche Zutaten, abwechslungsreiche Kombinationen.

I – Ideen (rastloses Gehirn)

I

Dr. K: I wie ...

Schlange: Intim werden.

Dr. K: Ich hatte mir schon Sorgen gemacht.

Schlange: Wieso?

Dr. K: Na, bei H kamen dir keine sexuellen Zwangsgedanken.

Schlange: Doch!

Dr. K: Aber du hast nichts gesagt.

Schlange: Du hast mich abgelenkt.

Dr. K: Ach?

Schlange: Ja.

Dr. K: An was hast du denn gedacht?

Schlange: An "Hungrig nach Sex"

Dr. K: Und warum hast du es nicht ausgesprochen?

Schlange: Weil ...

Dr. K: Na?

Schlange: Du machst mich ganz schwach.

Ideen

Wie dringlich das Bedürfnis des Gehirns nach Tätigkeit ist, war den Forschern lange nicht klar. Das Gehirn bleibt niemals untätig. Auch, wenn es von außen manchmal anders scheint. Es ruht sich niemals aus. Wenn es nämlich ruht und keine Hirnströme mehr messbar sind, nennen wir Ärzte diesen Umstand "ein sicheres Todeszeichen". Oder anders ausgedrückt: Wenn ein Gehirn nicht mehr arbeitet, ist es tot!

Das Gehirn ruht also bei Lebenden niemals, nicht beim Schlafen, nicht beim Meditieren und auch sonst niemals. Aber es gibt unterschiedliche Areale im Gehirn, die für verschiedene Tätigkeiten zuständig sind und sich gegenseitig je nach Situation abwechseln.

Die Erforschung der verschiedenen Gehirntätigkeiten gestaltete sich allerdings insofern schwierig, weil Gedanken sich schwer wissenschaftlich fassen lassen. Schweifende Gedanken sind frei! Wir bemerken oft erst im Nachhinein, dass wir überhaupt abgeschweift sind. Und was resultiert daraus? Wir ärgern uns, weil wir die Kontrolle über unser Denken verloren haben und unser Gehirn mal wieder gemacht hat, was es will und nicht was wir wollen.

Andererseits halten wir Eintönigkeit nur sehr schwer aus. Weil wir das Gefühl, vor Langeweile fast zu sterben, so stark fürchten, ist uns fast jedes Mittel zur Ablenkung recht. In einer Studie versetzten sich Probanden sogar freiwillig selbst Stromstöße, nur um keine Öde ertragen zu müssen. Langeweile bringt uns also auf die dümmsten Ideen - aber im besten Fall auch auf die großartigsten Neuerungen. Richten wir unsere Aufmerksamkeit daher mal bewusst **nicht** auf besonders schwierige Aufgaben oder die Suche

nach spektakulären Lösungen kniffliger Probleme! Nicht auf Action oder Arbeit! Vielmehr sollte es uns interessieren, was unser Gehirn in Langeweile tut oder wenn es unterfordert ist.
Denn da das Bedürfnis nach abschweifenden Gedanken so schwer zu unterdrücken ist, muss es für unser Überleben eine enorm wichtige Funktion erfüllen. Sonst hätte es sich in den vergangenen Jahrmillionen der Evolution der Menschen nämlich nicht so stark durchgesetzt.
Aufgefallen ist die enorme Aktivität des Gehirns in Ruhe während MRT-Studien in der Hirnforschung. Dabei zeigten Versuchspersonen in den langweiligen Wartezeiten zwischen ihren Aufgaben eine auffallend hohe Gehirnaktivität in immer denselben Arealen. Diese Aktivitäten hörten schlagartig auf, wenn die Person eine schwierige Aufgabe zu bewältigen hatte. Die Forscher experimentierten daraufhin mit langweiligen, stumpfsinnigen Aufgaben und siehe da: Auch dann sprangen die Ruhemodusareale auf Hochtouren an. Interessant übrigens, dass auch Hypnose oder Meditation diese Aktivitäten der Ruhemodusareale im Gehirn zwar teilweise reduzieren, jedoch nicht vollständig aufheben können.
Tagträumen scheint also ein dringendes Bedürfnis zu sein und lässt sich bei monotonen Tätigkeiten wie Wandern, Bügeln, Autofahren auslösen. Die Gedanken kreisen dabei inhaltlich vor allem um die eigene Person und wie das „Ich“ sich in bestimmten Situationen verhalten hat oder besser verhalten hätte. Es spielt die verschiedensten Szenarien durch und bereitet dadurch auch auf zukünftiges Verhalten vor. Beim Tagträumen wird Vergangenes eingeordnet und zukünftiges Handeln geplant. Wir lernen dabei

sozusagen durch unsere gemachten Fehler oder sonstigen Erfahrungen und streben an, es das nächste Mal besser zu machen. Immer wieder durchdenken wir dabei unterschiedlichste Möglichkeiten oder üben erfolgversprechende Varianten ein. Wir spielen so lange gedanklich alles durch, bis wir einen guten Plan haben. Diese Fähigkeit ermöglicht unsere optimale Anpassung an widrigste Umstände und sogar kreative Lösungen ausgefallenster Probleme.

Aber auch scheinbare Banalitäten werden behandelt wie beispielsweise: "Ich darf nicht vergessen, zu Hause die Blumen zu gießen."

Tagträumen orientiert uns in unserem eigenen kleinen Universum, in dessen Mittelpunkt wir selbst stehen. Wir denken in Ruhe also - ob wir wollen oder nicht - nur an den Nabel unserer eigenen kleinen Welt: Nur an uns selbst und unsere Außenwirkung! Was zunächst im negativen Sinne selbstverliebt und egozentrisch klingt, erfüllt eine überlebenswichtige Funktion.

Tagträume bereiten uns auf unser alltägliches Leben vor, auf die Handlungen, die wir durchführen werden. Wir entwickeln Visionen, die unsere zwischenmenschlichen Beziehungen, soziale Angemessenheit und Moralvorstellungen optimieren. Ohne Tagträume gäbe es auch keine weltbewegende Erfindung und keine künstlerische Kreativität.

Zusammenfassung

Tagträume sind die Hebammen, die unsere besten Ideen ans Licht der Welt bringen.

Übung 1

Langweilen Sie sich! Fahren Sie mit der Bahn und widerstehen Sie der Versuchung, mit anderen Fahrgästen ins Gespräch zu kommen. Lesen Sie nicht! Schalten Sie Ihr Handy ganz aus. Schauen Sie nun einfach aus dem Fenster und betrachten Sie die vorbeiziehende Landschaft. Lächeln Sie hinaus! Jetzt lassen Sie Ihre Gedanken ohne schlechtes Gewissen ziehen, wohin diese wollen. *Alternative:* Im Handel gibt es DVDs mit Aufnahmen eines Kaminfeuers oder Aquariums. Das Betrachten dieser Filme wirkt ähnlich wie ein Zugfenster.

Übung 2

Drehen sie doch mal den Spieß um! Nutzen Sie Monotonie und genießen Sie Tagträume! Entwickeln Sie zum Beispiel beim gemeinsamen Spaziergang mit einem Freund die verrücktesten Ideen. Regel: Jeder darf 30 Minuten über sich selbst reden. Nicht über Arbeit oder Probleme, sondern was ihn in letzter Zeit innerlich besonders bewegt hat und warum. (Wenn Ihnen nichts einfällt, dürfen Sie in Ihrer halben Stunde auch schweigend spazieren gehen. Ist auch okay.) Der andere hört jeweils nur zu und stellt höchstens Verständnisfragen. Nach Ende Ihrer Redezeit dürfen Sie über Ihre Eindrücke sprechen, die Sie beim Zuhören hatten.

Ganz nebenbei kommen Sie so Ihren großen Lebensträumen und Zielen ein gutes Stück näher.

Z – Zauberhafte Ziele (in Richtung Leben)

Z

Schlange: Zauberhafter Sex!

Dr. K: Das ist also dein Ziel?

Schlange: Es wäre das Paradies.

Dr. K: Der Himmel auf Erden also?

Schlange: Nein!

Dr. K: Gütiger Gott! Du zitterst ja!

Schlange: Lass den bloß aus dem Spiel!

Dr. K: Wen?

Schlange: Na, Gott! Der hat alles vermasselt!

Dr. K: Was?

Schlange: Es könnte alles so einfach sein!

Dr. K: Mit der Liebe?

Schlange: Hör auf damit!

Dr. K: Was hast du denn plötzlich?

Schlange: Ich krieg Ausschlag!

Zauberhafte Ziele

Erreichbare Ziele zu haben, sich selbst weiter zu entwickeln, sind ureigene körperliche Bedürfnisse nach dem "Selbstwirksamkeits-Erleben". Oder anders ausgedrückt: Wir fühlen uns toll und lebendig, wenn unsere Taten etwas bewirken.

Wer keine Ziele hat, fällt "in ein Loch" und wird krank. Umgekehrt können wir uns bei schwerer Krankheit keine Ziele stecken, die über den "Hoffentlich-werde-ich-bald-wieder-gesund"-Gedanken hinausgehen. Ziellosigkeit führt zu Leiden und ist eine tödliche Gefahr für unsere Existenz. Gesund hingegen sind die Hoffnung und der Glauben, durch die eigene Existenz irgendetwas an der Welt verändern zu können.

Mein Sohn fragte mich einmal, ob es Zombies - sozusagen „lebendige Tote“ - tatsächlich gebe.

Als ich traurig nickte, torkelte genau in diesem Augenblick zufällig ein Betrunkener um die Ecke. Er kam auf uns zu - mit seinem abgrundtief leeren Blick. Er hatte kein einziges Ziel mehr, das er verfolgte. Keine Hoffnung und erst recht keinen Glauben. So sieht aus meiner ärztlichen Sicht ein lebendiger Toter aus. Diesen abwesenden, desillusionierten Ausdruck haben übrigens nicht nur Alkoholiker, sondern beispielsweise auch Junkies oder Depressive. Auch, wenn eine Narkose wirkt oder man einem Bewusstlosen in die Pupillen schaut, ist der Blick leer. Ohne Ziel. Leben aber bedeutet "hoffnungsvoll nach vorne schauen".

Was aber ist mit Blinden, deren Augen nicht sehen und auch nichts "ins Visier" nehmen können? Die Beispiele von blinden Sängern auf der Bühne zeigen, dass diese überhaupt nicht wie Zombies wirken.

Im Gegenteil. Sie haben manchmal sogar eine Ausstrahlung, die die von Sehenden übertrifft. Denn ob ein Mensch ein Ziel hat, sieht man als Außenstehender nicht nur an den Augen, sondern am Gesicht und der gesamten Körperhaltung.

Doch bei den vielen einzelnen Minizielen kann man leicht den Überblick verlieren. Man verzettelt sich leider sehr leicht, wenn die Richtung auf ein großes Ziel fehlt, das sehr genau definiert sein sollte. (Vera Birkenbiehl, eine von mir sehr geschätzte Motivationstrainerin, nannte dieses große, übergeordnete Ziel übrigens auch „Fixstern".)

Wenn Sie sich bei einer größeren Wanderschaft vornehmen, von Oberstdorf nach Bozen zu laufen, wäre Bozen nicht nur das genaue Ziel, sondern würde auch die grobe Richtung vorgeben. Die Tagesetappen wären die Zwischenziele, die uns beim Erreichen des "großen Ziels" helfen. Wie wir unsere Zwischenziele wählen sollten, hängt ganz von unserer persönlichen Form und unseren Fähigkeiten ab. Ich persönlich könnte bei der Strecke zwischen Oberstdorf und Bozen niemals den direkten Weg gehen, denn ich kann nicht klettern und würde an alpinen Steilwänden in den Tod stürzen. Wie beim Wandern so ist es auch beim Erreichen anderer Ziele wichtig, sich vollkommen ehrlich über die eigenen Möglichkeiten klar zu werden. Oder anders ausgedrückt: manchmal ist ein großer Umweg der bessere Weg ans endgültige Ziel.

Oft ändern sich zu allem Übel auch noch plötzlich die äußeren Umstände und bringen uns in Gefahr. Es wäre beispielsweise ziemlich unvorsichtig, bei Gewitter um jeden Preis weiter zu gehen. Wer vom Blitz getroffen ist, kommt nämlich niemals am großen Ziel an. Wanderungen dienen daher sehr effektiv der eigenen

Persönlichkeitsentwicklung. Ständig müssen wir unsere Wegplanung an geänderte Verhältnisse anpassen wie zum Beispiel plötzlicher Wintereinbruch, verstauchter Fuß oder weggeschwemmter Weg. Wenn man ans große Ziel kommen möchte, muss man manche Zwischenziele auch aufgeben können. Umkehren und Umplanen sind also kein Versagen, sondern notwendige Schritte in die richtige Richtung. Der Kluge gibt eben nach – vor allem, wenn höhere Gewalten im Spiel sind. Loslassen muss man manchmal sogar das große Ziel. Bekommt man beispielsweise plötzlich die Nachricht, Bozen sei vom Erdboden verschwunden, dann kann es vernünftig sein, sich eine gute Alternative auszudenken. Statt Bozen dann Brixen zu wählen, ändert das endgültige Ziel und damit auch die Planung mancher Zwischenziele.

Zusammenfassung

„Der Weg ist das Ziel!“, so sagt man zwar landläufig, aber ohne eine grobe Richtung würde der Weg keinen Sinn ergeben.

Das große Ziel gibt die Orientierung vor. Die Zwischenziele sind die Etappen, die das große Ziel erreichbar machen.

Realistische Einschätzungen sind notwendig, um erfolgreich anzukommen.

Übung 1

Planen Sie eine Reise! Nicht unbedingt gleich eine Weltreise, sondern zum Beispiel einen Wochenendtrip. Jetzt planen Sie ehrlich Ihre eigenen Möglichkeiten ein (Wie viel Geld darf der Ausflug maximal kosten? Gehen Sie zu Fuß, fahren Sie Rad, Auto oder Bahn? Wo und wie übernachten Sie? Bei Freunden, im Zelt oder Luxushotel? Müssen oder möchten Sie jemanden mitnehmen? Hund, Kinder, Partner?) Definieren Sie Ihr endgültiges Ziel und die Zwischenetappen.

Übung 2

Schreiben Sie Ihr vorläufiges Lebensziel (Achtung: kein Zwischenziel!) auf, das Sie unbedingt erreichen wollen. Träumen Sie ruhig, aber beschreiben Sie es so genau, dass eine gute Fee beim Erfüllen ihres Wunsches keinen Fehler machen könnte. Hilfestellung: Was sollte einmal auf Ihrem Grabstein stehen? „War eine gute Putzfrau" oder „ein verrückter Künstler"? Was würden Sie tun, wenn Sie nur noch 1 Jahr zu leben hätten?

Stressbewältigung aus medizinischer Sicht

Wie wir plötzlichen Stress überleben – von A bis Z

Plötzlicher Stress

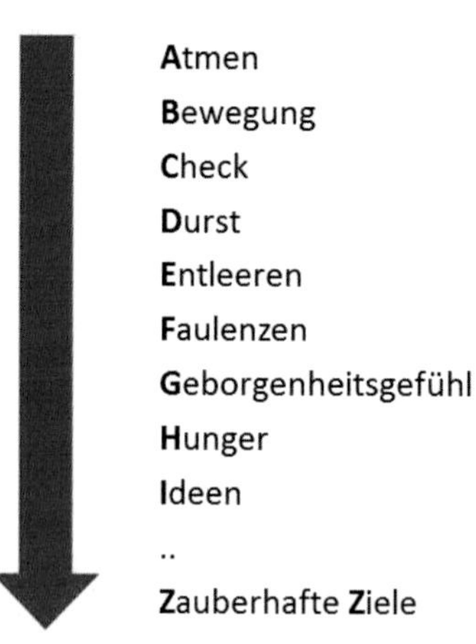

Schlange: Ich habe keinen Stress!

Dr. K: Du bist also glücklich mit deinem Liebesleben?

Schlange: Nein!

Dr. K: Dann hast du also doch Stress!

Schlange: Ein bisschen vielleicht.

Dr. K: Und was ist das für ein Hautausschlag?

Schlange: Allergie auf Liebe.

Dr. K: Das gibt es nicht!

Schlange: Doch! Ich bekomme schon beim Wort Pusteln.

Dr. K: Liebe ist doch nicht ätzend!

Schlange: Oh, doch!

Dr. K: Aber, ich verstehe das nicht. Du bist doch immer so scharf auf körperliche Liebe.

Schlange: Nein! Auf Sex!

Dr. K: Wo ist denn da der Unterschied?!

Schlange: Ich will verantwortungslosen, wilden ... Arrgh!

Dr. K: Was ist?

Schlange: Ich sterbe!

Dr. K: Das ist nur eine akute Stressreaktion! Ganz ruhig! Das kriegen wir hin. Erst mal tief einatmen! Und langsam ausatmen!

Wie wir plötzlichen Stress überleben (A bis Z)

Bei plötzlichem Stress ist es äußerst hilfreich, sich die körperlichen Bedürfnisse in ihrer Dringlichkeit bewusst zu machen und sie in deren logischer Reihenfolge zu befriedigen. Beim Erschrecken werden die sogenannten "Stresshormone" ausgeschüttet. Diese bereiten unseren Körper optimal auf eine möglichst schnelle Flucht vor. Das Herz schlägt schnell, der Blutdruck steigt, die Muskeln werden besser durchblutet. Wir sind hellwach und können uns besonders gut konzentrieren. Eigentlich ist das also optimal für das rasche Lösen kniffliger Probleme. Allerdings werden wir manchmal auch "starr vor Schreck" und damit völlig handlungsunfähig. Und eben das wollen wir ja in den meisten Situationen nicht sein. In Prüfungen fürchten wir den „Blackout". Vor dem Liebsten wollen wir nicht stottern und uns lächerlich machen.

Das „Notfall-ABC der körperlichen Bedürfnisse" hilft uns hier, wieder klar denken zu können und uns, falls nötig, in Sicherheit zu bringen.

Nehmen wir zum Beispiel einen hungrigen Tiger, der - aus welchem Grund auch immer - plötzlich vor uns steht.

A. Im ersten Schreck ziehen wir scharf die Atemluft ein.

B. Dann folgt der Fluchtreflex. Wir versuchen, weg zu rennen.

C. Wir bringen uns (hoffentlich) in Sicherheit und überprüfen im Unterschlupf, ob unser Leben jetzt noch in Gefahr ist.

D. Wir trinken etwas auf den Schreck. (Achtung: kein Alkohol, sondern Wasser!)

E. Wir haben uns fast "in die Hose gemacht" und erleichtern uns nun auf der Toilette.

F. Wir sind "fix und fertig" und können nicht mehr. Wir ruhen uns aus.

G. Wir erzählen das schreckliche Erlebnis unseren Mitmenschen und lassen uns von ihnen bemitleiden.

H. Wir bekommen einen Bärenhunger und lassen uns von einer warmen Mahlzeit verwöhnen.

I. Wir entwickeln Ideen, damit wir uns niemals wieder erschrecken müssen.

Z. Denn das Ziel wäre, niemals wieder in Lebensgefahr zu geraten. Die kleineren Zwischenziele wären zum Beispiel Gefahr vermeiden, Schutzräume aufbauen oder entsprechende Fitness antrainieren.

Wie wir uns auf geplanten Stress vorbereiten (Z bis A)

Bei geplanten Prüfungen ist es genau andersherum. Wir beginnen mit Z und arbeiten uns in Richtung A vor. Nehmen wir zum Beispiel die Fahrprüfung, die die meisten Erwachsenen bereits hinter sich haben.

Z: Das Ziel wäre, den Führerschein zu bekommen.

I: Gute Ideen, um an dieses Ziel zu kommen, wären beispielsweise ausreichend Fahrstunden zu nehmen und fleißig zu lernen und zu üben.

H: Am Abend vor der Prüfung gönnt sich der Prüfling die so genannte "Henkersmahlzeit"....

G: ... am Besten in der Geborgenheit seiner Freunde oder Familie, denen er ein wenig von der bevorstehenden Prüfung vorjammern kann.

F: Der Prüfling sollte möglichst früh ins Bett gehen und sich gut ausschlafen.
E: Nach dem Aufstehen geht es direkt zum Entleeren auf die Toilette. Vor Sorge und Aufregung ist es ganz normal, "Schiss zu haben".
D: Unmittelbar vor der Prüfung sollte etwas zu trinken nicht fehlen. (Achtung: Nicht mit Alkohol Mut antrinken!)
C: Direkt bevor es ernst wird, hilft es, sich kurz klar zu machen, wie groß die Chancen sind, die Prüfung lebendig und am Körper unverletzt zu überstehen.
B: Ein bisschen Bewegung entspannt. Am besten rollt der Prüfling dazu einmal kurz die Schultern im Kreis nach hinten, hebt die Fersen und wippt mit den Zehen.
A: Noch ein tiefes Ein- und Ausatmen und dann kann eigentlich nichts mehr schiefgehen. Los geht's!

Geplanter Stress

Dr. K: Geht es dir besser?

Schlange: Ja, viel besser!

Dr. K: Willst du darüber reden?

Schlange: Nein.

Dr. K: Es ist okay.

Schlange: Nichts ist okay!

Dr. K: Wieso?

Schlange: Ich hasse dich!

Dr. K: Aber ich habe doch nur versucht ...

Schlange: Ja, eben. Du hast mich in Versuchung geführt.

Dr. K: Oh, das wollte ich nicht!

Schlange: Du hast mir meine ganze Tour vermasselt!

Dr. K: Ich bin unschuldig.

Schlange: Erzähl das Adam, aber nicht mir!

Dr. K: Welchem Adam?

Schlange: Der mit dir ... oh, vergiss es!

Dr. K: Du redest ja völlig wirres Zeug.

Schlange: Ja, weißt du denn nicht, wer ich bin?!

Praktische Anwendungen

Schulstress oder Prüfungsangst

Dieses Kapitel ist allen gewidmet, die bei sämtlichen Prüfungen des Lebens möglichst optimal vorbereitet sein und bestmöglich abschneiden möchten. Es ist aber auch für alle verzweifelten Eltern und sonstigen Betreuungspersonen geschrieben, die ihre Schützlinge in schwierigen Zeiten unterstützen wollen.

Wir verdanken dieses Kapitel - wie so oft - großem Ärger und tiefer Verzweiflung. Ein 11-jähriger Junge hatte eine solche Versagensangst in der Schule, dass er wegen Einschlafstörungen, Bauch- und Kopfschmerzen den Unterricht oft nicht mehr besuchen konnte. Es entwickelte sich alles in eine ganz falsche und vor allem gefährliche Richtung. Das einzige, was den Lehrern dazu einfiel, war die Pflicht zum ärztlichen Attest. Aus der ärztlichen Praxis kenne ich "Schulverweigerer" als die schwierigsten Patienten überhaupt, deren Probleme kaum zu lösen sind. Als ich die mitgebrachte Mathearbeit in Händen hielt, konnte ich die Panik förmlich sehen. Er hatte mit Aufgabe 5 angefangen, war gescheitert, dann zu Aufgabe 2 gesprungen, wieder nicht weitergekommen und so weiter, immer in der Hoffnung, es könnte dadurch besser werden. Und das alles, obwohl er die Aufgaben tatsächlich zu Hause in Ruhe hatte lösen können.

Wie aber durchbricht man diese Angst- und Panikspirale? Nun, mit der „Gegenspirale“ und die funktioniert folgendermaßen:

Z. Fragen Sie sich beziehungsweise den Prüfling, was das Ziel dieser Prüfung ist? Das große Ziel (z.B. Abitur, guter Job) oder die Zwischenziele (Klasse nicht wiederholen müssen).

I. Entwickeln Sie (zusammen) Ideen, wie sich die Erreichbarkeit dieser Ziele erhöhen lässt (z.B. Stoff üben und abfragen lassen). Schauen Sie dabei schonungslos auf die persönlichen Möglichkeiten und vor allem auf Grenzen. Es nutzt nämlich nichts, sich etwas Unmögliches vorzunehmen. Stattdessen kommt man lieber in kleinen Schritten und Umwegen ans Ziel.

H. Die „Henkersmahlzeit“ wird am Abend vor der Prüfung ganz nach den Wünschen des Prüflings zubereitet.

G. Der Prüfling darf - vielleicht bei der gemeinsamen Mahlzeit - darüber erzählen, was für eine Prüfung ansteht, was deren Ziel ist und wie er sich darauf vorbereitet hat. Seine Mitmenschen (Familie oder Freunde) hören ihm dabei aufmerksam zu und zeigen ihr Verständnis bzw. Mitgefühl.

F. Der Prüfling muss rechtzeitig ins Bett. Vielleicht mag er im Liegen kurz noch etwas wiederholen oder einfach nur bei entspannter Musik oder einem Hörbuch einschlafen.

E. Am nächsten Morgen hat der Prüfling "Schiss" und zwar im wahrsten Sinne des Wortes. Für die morgendliche Sitzung sollte genügend Zeit eingeplant werden.

D. Da es uns vor Angst oft "den Appetit verschlägt", muss am Morgen vor einer Prüfung aber zumindest ein zuckerhaltiges Getränk sein. Wie wäre ein Kakao, ein Fruchtsaft oder ein Tee mit Zucker?

C. Stellen Sie folgende Frage, wenn der Prüfling das Haus verlässt: "Stirbst du, wenn du die Prüfung nicht bestehst?" Diese Frage muss eigentlich jeder Prüfling verneinen können ... sonst sollte er den Test wirklich nicht mitmachen!

B. Der Prüfling fährt am besten mit dem Rad zur Prüfung oder läuft ein gutes Stück. Die Schultern kreisen nach hinten, unmittelbar bevor der Stift auf dem Papier aufsetzt bzw. bevor die Prüfung beginnt. Die Füße gehen (unter dem Schreibtisch) ein paar Mal auf die Zehenspitzen. Das bisschen Bewegung tut unglaublich gut. So viel Zeit ist immer!

A. Während die Schultern nach hinten gezogen sind und die Mundwinkel zu einem kurzen Lächeln hochgezogen werden, atmet der Prüfling dreimal tief in den Bauch.

So, jetzt kann es losgehen! Viel Glück!

<u>Notfall-Maßnahme:</u> Beim gefürchteten „Blackout“ schließt der Prüfling kurz die Augen und beginnt dann im Stillen wieder bei C, geht zu B und kann nach A schließlich wieder klarer denken.

Nach der Prüfung ist die Nacharbeit wichtig, denn "nach der Prüfung" ist auch "vor der nächsten Prüfung".

Also beginnen wir nach dem Abgeben der Prüfungsblätter bzw. dem Beenden der Prüfung wieder bei:

A. Ein tiefer Seufzer oder ein herzhaftes Gähnen füllt die Lungen mit Atemluft.

B. Der Prüfling steht auf und geht - vielleicht auch eine Runde Spazieren oder Toben.

C. "Lebe ich noch?" ist die Frage, die jeder hoffentlich bejahen kann.

D. Jetzt darf ein Schluck Wasser getrunken werden. Vorsicht: kein Alkohol!

E. Danach geht es auf die Toilette.

F. Faulenzen hat sich der Prüfling wirklich verdient.

G. Am schönsten ist es, sich in Gesellschaft über Erlebtes auszutauschen...

H. ... und dabei etwas Gutes zu speisen.

I. Vielleicht entwickelt man dabei auch gleich gemeinsam Pläne, ...

Z. ... wie man die nächsten Ziele ansteuern möchte.

Und schon ist die nächste Prüfungsvorbereitung ganz entspannt im Gange und wird von Mal zu Mal gelassener. Wer einmal erfahren hat, wie nützlich diese Technik ist, wird sich den Herausforderungen des Lebens gut und gerne immer wieder aufs Neue stellen.

Übungen

Überlegen Sie, welche Prüfungen im Leben Sie schon bestanden haben und welche noch vor Ihnen liegen. Vor welchen Aufgaben fürchten Sie sich? (z.B. Besuch der Schwiegermutter? Erster Arbeitstag?)

Nehmen Sie einen Zettel zur Hand und bereitet sich mit dem Notfall-ABC (Übersicht siehe S. 82) auf Ihre ganz persönliche Prüfung, Ihren ganz individuellen „geplanten Stress“ vor.

Schlange: Schau mir tief in die Augen!

Dr. K: Du hypnotisierst mich ja!

Schlange: Vielleicht? Wäre das so schlimm?

Dr. K: Nein, ich bin mutig.

Schlange: Was siehst du in meinem Innern?

Dr. K: Hemmungsloses Begehren!

Schlange: Richtig! Und was noch?

Dr. K: Unersättlichen Hunger!

Schlange: Ja, genau!

Dr. K: Ich bekomme auch Appetit.

Schlange: Magst Du diesen Apfel?

Dr. K: Du schenkst ihn mir?

Schlange: Ja, beiß ruhig hinein!

Dr. K: Das ist ja lieb von dir.

Schlange: Ist es das?

Dr. K: Ein Apfel ist doch nicht giftig.

Schlange: Aber dieser hier hat ganz besondere Nebenwirkungen!

Dr. K: Ach was?!

Übergewicht (Rezepte gegen Fressattacken)

Bevor wir das Thema „Abnehmen" behandeln, müssen wir zunächst klären: Was ist eigentlich Übergewicht und was ist „normal"?

Denn wer nicht übergewichtig ist, sollte sich meiner Meinung nach dieses Kapitel tatsächlich sparen. Um grob abzuschätzen, ob das Gewicht der Norm entspricht, nimmt man die Körpergröße in Zentimeter und zieht davon hundert ab. Wer also 165 cm in seinem Personalausweis stehen hat, sollte circa 65 Kilogramm wiegen – plusminus zwei Kilogramm. Wer 180 cm groß ist, sollte 80 Kilogramm anpeilen. (Noch genauer lässt sich Ihr Zielgewicht zwar mit Bodymaßindex und Bauchumfang bestimmen, aber als grobe Orientierung soll uns die einfache Faustregel fürs Erste genügen.)

Es gilt als wissenschaftlich erwiesen, dass Normalgewichtige länger leben als Magere oder Dicke. Aus welchem Grund auch immer. Die folgenden Ratschläge sind daher nur für Menschen gedacht, die ein Normalgewicht anstreben, weil Sie an Fettleibigkeit leiden. Als Ärztin möchte ich Schlankheitswahn in keiner Form unterstützen.

Für alle aber, die tatsächlich ein Gewichtsproblem haben, gleich ein Geheimnis vorweg: *Gewicht lässt sich am effektivsten durch die Futterluke beeinflussen!* Was also in den Mund geführt wird, bestimmt, ob das Körpergewicht ansteigt oder nicht.

Selbstverständlich rät Ihnen jeder Arzt, beim Abnehmen die Bewegung nicht zu vergessen. Bei den meisten Patienten kann man allerdings beobachten, dass sie davon überfordert sind, gleich

zwei Aufgaben auf einmal bewältigen zu müssen. Das Abnehmen und den Sport gleichzeitig!
Viel leichter ist es, einen Schritt nach dem nächsten zu tun, das heißt: Zuerst Gewichtsreduktion, dann Sport!
Es gibt noch einen weiteren Grund, sich erst dann mit aller Macht und Kraft in Bewegung zu setzen, wenn das Normalgewicht erreicht ist: Das überschüssige Gewicht belastet die Gelenke!
Stellen Sie sich die Gelenkflächen der Knochen wie das Perlmutt einer Muschel vor. Übermäßiger Druck, hochfrequente Reibung und ungewohnte Belastung können die spiegelglatte Oberfläche aufrauen und zerstören wie ein Drahtschwamm die Edelstahlpfanne. Wenn Übergewichtige also plötzlich anfangen zu hüpfen, zu rennen oder sonstige ungewohnte und übertriebene Betätigungen durchzuführen, müssen die Gelenke einem unerwartet hohen Druck und einer ungewohnten Reibung standhalten. Übrigens muss sich auch das Herzkreislaufsystem erst an die erhöhte Belastung gewöhnen. Gelenke und Kreislauf sind also die Gründe, Sport erst einmal behutsam anzugehen: Vielleicht zunächst nur ein wenig spazieren gehen, dann zunehmend mehr Treppen laufen und erst am Schluss die Belastungsgrenzen weiter steigern. Oder anders gesagt: Sport macht erst ohne zusätzliche Pfunde ungetrübten Spaß!
Doch zunächst zum ersten Schritt: dem Abnehmen überflüssiger Pfunde. Wir Ärzte hören bei diesem Thema tagtäglich die wildesten Rechtfertigungen und Ausflüchte. Es gibt unzählige Gründe, die angeführt werden, um Übergewicht zu entschuldigen. Die häufigsten sind: Stoffwechsel oder Hormone, drohender Unterzucker und Genetik.

Nein! Es liegt nicht in erster Linie am Stoffwechsel und auch nicht an den Hormonen! Jedenfalls bei den allermeisten Menschen nicht. Falls dazu ein Verdacht bestehen sollte, wird Ihr Hausarzt gerne Ihren Schilddrüsenwert kontrollieren. Wer aber eine gut funktionierende Schilddrüse hat, braucht keine weitere Ausrede suchen. Manche Hormonumstellungen führen zwar zu einem erniedrigten Energieverbrauch, die Ursache der Fettleibigkeit liegt jedoch woanders.
Auch die Sportwütigen muss ich enttäuschen: Sport hilft zwar fit zu bleiben, aber nicht unbedingt beim Abnehmen. Oft nehmen diejenigen, die sich viel vorgenommen haben, sogar noch zu. Das liegt nicht etwa daran, dass die Muskelmasse zunehmen würde. Leider nein! Vielmehr gönnen sich diejenigen, die eigentlich nur zum Abnehmen Sport treiben, nach der Anstrengung oft als Belohnung eine Extraportion Nahrung oder gar Alkohol, der auch viele Kalorien enthält. Und schon ist der ersehnte Effekt dahin. „Sonst komme ich in Unterzucker!“, höre ich oft, wenn nach dem Sport zur Cola oder zum Schokoriegel gegriffen wird. Doch „in Unterzucker“ kommen nur Kranke (Diabetiker und Insulinom-Patienten). Auch Genetik gilt bei mir nicht als „Freischein für Fettleibigkeit“. „Frau Doktor, in unserer Familie sind eben alle fett!“, lasse ich nicht gelten. Denn im Grunde liegt es nicht an der Vererbung, sondern an den Ritualen in der Familie bei der Nahrungsaufnahme. Gene kann man nicht ändern, falsches Verhalten aber schon!

Der Mund ist und bleibt der maßgebliche Einflussfaktor für die Steuerung von Normal-, Über- oder Untergewicht. Dennoch ist und bleibt das Körpergewicht in unserer Überflussgesellschaft ein äußerst schwieriges Thema. Bei Erwachsenen hilft oft eiserne Disziplin und der unbedingte Vorsatz, etwas ändern zu wollen. Lesen Sie dazu eine wahre Geschichte:

Als Studenten lernten wir in der chirurgischen Klinik, eine „Anamnese zu erheben“ (Krankheitsgeschichte zu erfragen). Eine Patientin hatte sich netterweise bereit erklärt, sich von mir ausfragen zu lassen. Eine der Standardfragen hierbei war: „Haben Sie in letzter Zeit viel Gewicht abgenommen und wenn ja, wieviel?“ Sie antwortete: „Ja, 60 Kilo!“

„16 Kilogramm?“ fragte ich nach. „Nein, sechzig!“ Ich ließ meinen Bogen erstaunt sinken: „Wie bitte?“ Sie lächelte: „Ganz schön viel, nicht wahr?“

Ich betrachtete die Patientin zum ersten Mal ungeniert von oben bis unten. Sie sah völlig normal aus und war etwa 1,65 Meter groß. Wenn sie jetzt also 65 Kilogramm wog, musste sie vorher 125 Kilo auf die Waage gebracht haben! Ich war tief beeindruckt und fragte sie, wie sie das geschafft habe. Die Antwort war verblüffend: Statt eines normalen Tellers hatte sie einen sehr viel kleineren Teller benutzt. Sie zeigte ihn mir. Es war ein Zwischending aus Kuchenteller und Untertasse. Außerdem hatte sie statt normalem Besteck eine kleine Kuchengabel und ein Kindermesser benutzt.

„Ich habe mir alles auf diesen Teller geladen wie sonst eigentlich auch, nur eben eine Kinderportion.“

In der chirurgischen Klinik wartete sie übrigens auf die Entfernung ihres großen Bauchhautlappens. Die Haut hatte sich nicht so rasch zusammenziehen können, wie das Fettgewebe dahin geschmolzen war.

Die immense Bedeutung der „Futterluke“ bei der Gewichtsabnahme lässt sich auch im (unfreiwilligen) Tierversuch zeigen: Meine Hündin war kastriert worden und wog bei gleichbleibender Nahrungsmenge ein paar Wochen später statt 35 kg jetzt 41 kg! (Das war, als würde eine 1,70 Meter große Frau statt 70 Kilogramm plötzlich 12 Kilo mehr wiegen.)
Weil sich die Fettleibigkeit schleichend eingestellt hatte, war sie mir selbst gar nicht aufgefallen. Erst die Tierärztin wies mich bei einer Routinekontrolle schonend darauf hin, dass ich einen Fettkloß herangefüttert hatte. Nach einer Kastration neigen Hündinnen nämlich zur Gewichtszunahme, wenn die Futtermenge nicht sofort reduziert wird. Ich hatte schlicht nicht mehr daran gedacht! Hormonumstellungen haben tatsächlich eine Wirkung auf das Körpergewicht – allerdings nur, wenn die Nahrungsmenge nicht entsprechend angepasst wird.
Ich reduzierte also das Futter auf etwa zwei Drittel der ursprünglichen Menge. Die großen Kulleraugen meines Haustiers schmachteten mich zwar an, doch ich blieb eisern. Fettleibigkeit schadet nämlich auch bei Hunden den Gelenken und dem Herzkreislaufsystem. Schließlich sollte mein Liebling gesund bleiben.
Obwohl ich also an unserer bisherigen Routine nichts geändert hatte und auch nicht für noch mehr Bewegung gesorgt hatte, (Ich finde, fast drei Stunden spazieren am Tag müssen einfach genug sein!) nahm mein Hund ab. Innerhalb von 5 Monaten war das angepeilte Normalgewicht erreicht und der dicke Hintern war verschwunden.

Eine besondere Herausforderung besteht übrigens darin, nach einer Gewichtsabnahme das Zielgewicht im Anschluss stabil zu halten. Dazu muss die entsprechende Nahrungsmenge herausgefunden werden, die im individuellen Einzelfall die richtige für diesen Zweck ist. Es kann hilfreich sein, dafür einen Tag pro Woche auszuwählen, an dem hemmungslos geschlemmt werden darf. An den restlichen sechs Tage der Woche sollte jedoch nur dann gegessen werden, wenn tatsächlich Hunger zu spüren ist.

Im Gegensatz zu Menschen war eine Gewichtsabnahme bei meinem Hund also eine leichte Übung. Schließlich kann sich ein Hund nicht selbst am Kühlschrank oder in der Vorratskammer bedienen. Wir Menschen aber kommen immer an Nahrungsmittel heran, wenn uns der Sinn danach steht. Und genau das ist das Problem! Außerdem gibt es bei uns auch noch den gesellschaftlichen Zwang zur „regelmäßigen Mahlzeit". Das bedeutet, dass wir auch dann essen, wenn wir eigentlich gar keinen Hunger haben. Dazu kommen noch allerlei Zwischenmahlzeiten, ohne die wir auch nicht auszukommen glauben, und schon haben wir ein handfestes Problem. Sollten Sie also keinen riesigen Hunger verspüren, so lassen Sie zur Abwechslung doch einfach hin und wieder eine Mahlzeit aus! Es zwingt Sie ja niemand zum Essen, oder? Und genießen Sie, worauf Sie wirklich Lust haben!
Speckröllchen und Schwabbelbauch machen vielen zu schaffen. Doch gegen Fressattacken und Fresssucht scheinen sogar vernünftige, disziplinierte Erwachsene machtlos zu sein. Reine Willenskraft genügt oft nicht gegen das Schwachwerden angesichts der kulinarischen Versuchungen.

Bei Kindern aber gestaltet sich das Abnehmen von zu viel Körpergewicht um ein Vielfaches kniffliger. Kinder sind nämlich Teil einer Familie und können im Allgemeinen das Essen - wenn überhaupt - nur indirekt beeinflussen. Viele müssen zu allem Überfluss auch noch den Teller leer essen. Sehen Kinderärzte also fettleibige Kinder, dann wissen sie, dass sie meist nicht viel ausrichten können. Sie können aufmerksam machen und mahnen, aber meistens nichts ändern.
Mein Horror war also groß, als ich beobachten musste, wie sich ausgerechnet ein Kind in meinem eigenen Familienkreis von einem kleinen, wilden Muskelpaket zu einem riesigen, fetten Hefeteigkloß verwandelte.
Es fraß seinen Frust wegen der Schule buchstäblich in sich hinein. Im Kummer verwechseln viele Menschen häufig G mit H und versuchen sich mit Essen selbst Geborgenheit zu schenken. Bald aber weinte das Kind bitterlich, weil die anderen es "Fettsack" und "dickes Schwein" genannt hatten. Es wollte nicht übergewichtig sein und fragte mich, was es dagegen tun könne.
Da ich gerade das "ABC der körperlichen Bedürfnisse" entwickelte, fiel mir auf, dass entgegen der öffentlichen Meinung nach D wie Durst gar nicht E wie Essen folgt. Das brachte mich auf eine Idee.
Ich hatte beobachtet, dass die Heißhungerattacken besonders abends kamen. Statt also den Kühlschrank zu plündern, sollte das Kind direkt zu mir kommen.
Seine Verzweiflung war so groß, dass es tatsächlich mitmachte.
D. Als es also von seinem riesigen Hunger jammerte, gab ich ihm ein großes Glas Wasser. Das musste es zunächst austrinken.
E. Danach schickte ich es mit Lesestoff auf die Toilette.

F. Als es dort fertig war, musste es sich auf das Sofa legen und sich fünf bis zehn Minuten ausruhen.

G. Danach stellte ich es vor die Wahl, entweder mich zu umarmen, oder einen Freund oder eine Freundin anzurufen. Das Kind knuddelte mich kurz und telefonierte dann noch mit einem anderen Kind. Es lachte und scherzte am Handy. Ein anderes Mal spielte ich mit ihm ein Gesellschaftsspiel. Ich versuchte, ihm meine volle, ungeteilte Aufmerksamkeit zu schenken ... auch, wenn diese „nur" aus Zuhören mit direktem Augenkontakt bestand. Es tat ihm sichtlich gut.

H. Dann geschah etwas Unerwartetes: Als das Kind D bis G erledigt hatte, war der Hunger tatsächlich wie weggeblasen. Obwohl mit dem Notfall-ABC vertraut, hatte es den Buchstaben H ganz vergessen. Ich schickte es Zähneputzen, um diesen gewünschten Effekt noch zu verstärken.

An manchen Abenden aber jammerte das Kind nach G dann doch: "Ich habe alles probiert, aber ich habe immer noch Kohldampf!"

"Na, dann hast du jetzt wohl wirklich Hunger!", antwortete ich und sorgte dafür, dass es sich mit einer leckeren Mahlzeit verwöhnen ließ.

Dieses Schema funktionierte übrigens auch prima mit meiner Betreuung „aus der Ferne". Das Kind verinnerlichte die einzelnen Schritte und führte sie zunehmend selbstständig durch. Die verzweifelten Telefonanrufe bzw. Textnachrichten wurden seltener. Aus dem Kind ist mittlerweile ein Teenager geworden, der mit seinem Gewicht zufrieden ist und der sich im Schwimmbad nun nicht mehr wegen seiner Figur schämt.

Zusammenfassung

Fressattacken und Fresssucht lassen sich erfolgreich mit dem Notfall-ABC bekämpfen. Das Geheimnis dahinter ist eine geschickte Ablenkung von der Tätigkeit des Essens durch die Konzentration der Aufmerksamkeit auf die Befriedigung viel dringenderer, körperlicher Bedürfnisse.

Wichtig in diesem Zusammenhang:

- Normalgewicht lässt sich über eine einfache Rechnung (Körpergröße in Zentimetern minus hundert) abschätzen und anpeilen.
- Bei Fettleibigkeit ist Sport zum Schutz der Gelenke mit Vorsicht zu genießen. Normalgewichtigen fällt Bewegung viel leichter und Sport macht auch wieder Spaß.
- Am einfachsten gelingt die Kontrolle des Gewichts über den Mund bzw. die „Futterluke". Oder anders ausgedrückt: Was durch den Mund eingeführt wird, bestimmt das Körpergewicht! (Dazu zählen übrigens auch Getränke wie zuckerhaltige Limonade oder Alkohol!)

Übung 1

Schreiben Sie D bis H auf einen Zettel und kleben Sie ihn zur Erinnerung an den Kühlschrank oder auf Ihre Keksdose. Oder nutzen Sie dazu die Abbildung auf der nächsten Seite.

Übung 2

Besonders Eifrige beginnen nicht erst bei D, sondern schon mit A: Erst ein tiefer Seufzer B: dann tanzen Sie zu Ihrem Lieblingslied C: Ihr Leben ist nicht in Gefahr. Machen dann weiter bei D bis H wie oben beschrieben.

NOTFALL-ABC
der körperlichen Bedürfnisse

Medizin fürs Lieben
Dr. med. Sibylle Mottl-Link
www.doctormodeling.de

- Atmen
- Bewegung
- Check

◄ ÜBERGEWICHT ► GEGEN

- Durst
- ~~Essen~~
- Entleeren
- ~~Futtern~~
- Faulenzen
- ~~Gaumenschmauß~~
- Geborgenheitsgefühl
- Hunger
- Ideen

⋮

- Zauberhafte Ziele

Schlange: Und? Wie schmeckt er?

Dr. K: Wer?

Schlange: Der Apfel der Erkenntnis.

Dr. K: Lecker!

Schlange: Und? Merkst du schon was von den Nebenwirkungen?

Dr. K: Ich fühle mich gesund.

Schlange: Ist das alles? Ok, Testfrage: Welche Bedeutung hat Sex?

Dr. K: Sex ist mein liebstes Hobby.

Schlange: Waaaaas?

Dr. K: Sex wird völlig überschätzt!

Schlange: Aber die Arterhaltung ist doch eine ernste Sache.

Dr. K: Ach was. Nur ein erwünschter Nebeneffekt!

Schlange: Nein!

Dr. K: Doch, sicher! Sonst dürfte man ja nur zu Zuchtzwecken ein bis drei Mal im Leben - so oft wie viele Kinder man sich wünscht.

Schlange: Das wäre wirklich wenig!

Dr. K: Eben! Sex soll Spaß machen! Körperliche Liebe ist daher zunächst total zweckfrei und nur ein Spiel. Wie Musik oder Sport.

Schlange: Welch Erkenntnis!

Liebeskummer

Sexualtrieb als komplizierte Stressform

Der Sexualtrieb oder der "Hunger nach Liebe" ist eine knifflige Sache. Zu allem Übel werden die Begriffe „Sex“ und „Liebe“ im normalen Sprachgebrauch oft in einen Topf geworfen und damit nicht klar genug getrennt. Im Folgenden wird daher soweit möglich zunächst nur vom Sexualakt die Rede sein. Dieser dient oberflächlich betrachtet dem Überleben der menschlichen Spezies, der Fortpflanzung. Aus medizinischer Sicht ist der Drang zur Arterhaltung **nicht** überlebenswichtig für den Einzelnen! Oder anders formuliert: Niemand stirbt ohne Sex!
Bewiesen ist diese medizinische Tatsache allein dadurch, dass es Menschen gibt, die Wochen, Monate oder gar Jahre keinen Sex gehabt haben, und trotzdem noch leben. Denken wir nur an diejenigen, die sich aus freiem Willen für die Enthaltsamkeit entscheiden. Es ist also durchaus möglich, ganz ohne Sex zu überleben.
Dennoch haben viele Artgenossen das Gefühl, als würden sie ohne Sex sterben ... und manche tun es sogar. Auch in der Literatur ist dieses Phänomen häufig beschrieben. Denken wir nur an Goethes "Die Leiden des jungen Werther", der sich aus unerfüllter Sehnsucht umbringt. Doch nicht nur verschmähte Romanhelden sterben, sondern auch ihre Nachahmer im wahren Leben. Insbesondere Menschen, deren sexuelle Vorlieben sich nicht mit gesellschaftlichen Normen decken, haben ein erhöhtes Selbstmordrisiko. Dies trifft zum Beispiel auf homosexuelle

Jugendliche zu, die ein siebenfach erhöhtes Suizidrisiko haben. Übrigens gefährdet auch der "ganz normale" Seitensprung ernsthaft die Gesundheit und zwar nicht nur die eigene, sondern auch die des Betrogenen. „Leiden-schaft“ und „Sehn-Sucht“ quälen jeden, der einen gesellschaftlich unpassenden, unerreichbaren oder schlicht verbotenen Geschlechtspartner begehrt.

Nun herrscht das allgemeine Vorurteil, dass Männer von diesem Drang eher geplagt sind als Frauen. Wenn Sie sich selbst diesen Irrtum auch weiterhin bewahren wollen, sollten Sie ab hier nicht weiterlesen!

Denn nur, weil bei Frauen alles besser verpackt ist, sollte man deren Sexualtrieb keinesfalls unterschätzen. Während bei Männern eine Erregung äußerlich sichtbar und sogar messbar ist, bleibt das Lustempfinden einer Frau gut verborgen. Erschwerend kommt hinzu, dass viele Frauen ihren Körper oft selbst nicht ausreichend kennen, um den Unterschied zwischen einem sexuellen Verzücken oder einer beginnenden Blasenentzündung mit Gewissheit auszumachen. Ein „Ziehen im Unterleib“ kann im Zweifel so oder auch anders interpretiert werden, je nach gesellschaftlich erwünschtem Ergebnis!

Als meine Hündin das erste Mal läufig wurde, staunte ich nicht schlecht über die Heftigkeit, die unbändige Kraft und den Einfallsreichtum des Sexualtriebes. Zunächst wirkte mein Hundemädchen zwar ganz lustlos und antriebsarm, doch nach einer Woche Depression lief sie plötzlich zur Höchstform auf. Sie rannte jedem Rüden hinterher und bot sich ihm an. Und wenn ich sage“ jedem“, dann meine ich auch winzige Rehpinscher. Dabei hat sie selbst die Größe eines Schäferhundes! Es schien ihr alles recht zu sein, Hauptsache ein Männchen! Mehrmals riss sie sich einfach los und stürmte wild einem von ihr begehrten potentiellen Samenspender hinterher. Ich sah mich schon mit Pitbull-Boxer-Mischlingen im Arm! Jedes andere Weibchen aber hätte sie am liebsten tot gebissen. Es war eine äußerst stressige Zeit für meine Hündin und auch für mich.

Doch nicht nur weibliche Wesen haben ihre Tage, sondern auch Männer sind im ständig wiederkehrenden, unvorhersehbaren Ausnahmezustand – allerdings in eher unregelmäßigen und vor allem unberechenbaren Abständen. Anatomisch und hormonell sind männliche Genitale zwar „allzeit bereit", jedoch praktisch (vermutlich aus gesundheitlich gutem Grund) nicht immer fähig.

Dazu passt eine kleine Anekdote eines Kollegen, der im Altersheim einem Greis andauernd weiteres Viagra verschreiben sollte. Auf die Frage, wozu er denn so eine große Menge dieses Medikaments benötigte, antwortete der Senior: „Herr Doktor, Sie können sich gar nicht vorstellen, welchen Stress es bedeutet, wenn man hier der einzige Mann ist, der noch zu allem fähig ist!"

Als der Arzt den Patienten jedoch davor warnte, dass Viagra für ein höheres Herzinfarktrisiko insbesondere beim Geschlechtsverkehr bekannt sei, lächelte der aktive Heimbewohner nur schelmisch: „Gibt es denn einen schöneren Tod?"

Wenn der Körper von sexuellen Sehnsüchten geplagt wird, kann man altersunabhängig einige physische Reaktionen beobachten, die auch bei anderen Arten von Stress auftreten:

Zunächst klopft das Herz wie wild, als würde es aus dem Brustkorb springen wollen. Die gesteigerte Durchblutung wird insbesondere im geröteten Gesicht deutlich. Schweiß tritt auf die Stirn und auf die

Handflächen. Die gesamte Wahrnehmung konzentriert sich vollständig auf den Auslöser des Stresses. Der Blick wirkt wie durch eine rosarote Brille mit Weichzeichner. Die Zeit scheint still zu stehen. Die Selbsteinschätzung schwankt dabei zwischen völliger Selbstüberhöhung und vernichtender Selbstkritik. „Himmelhochjauchzend", falls sich auch nur ein winziger Funken Hoffnung auf amouröse Erfüllung zeigt. „Zu Tode betrübt", falls das Objekt der Begierde die Avancen nicht erwidern sollte.
Die Emotionen fahren Achterbahn. Im ständigen Auf und Ab entsteht die „Liebeskrankheit" (medizinisch eigentlich eher das „Sexualtriebanfallsleiden"), ähnlich einer so genannten Kinetose (Reisekrankheit). Dem Liebenden wird schlecht und schwindelig.

Was tun bei plötzlichem Triebanfall?

Liebeskummer, Sehnsucht und Leidenschaft können als mit-ziemlicher-Sicherheit-immer-und-immer-wiederkehrender-Stress verstanden werden. Sollte Amors Pfeil Sie also plötzlich und unerwartet treffen, so kann Ihnen das „Notfall-ABC der körperlichen Bedürfnisse" direkt helfen, indem Sie stur von A bis Z vorgehen. Der Kluge bereitet sich schon im Vorfeld bestmöglich auf den nächsten Pfeil vor - und zwar von Z bis A.
Und wenn Sie nun denken: "Was soll mich schon treffen? Ich bin doch über alberne Liebestorheiten schon lange hinaus!" Dann kann ich Ihnen nur zurufen: "Herzliches Beileid! Sie sind ein schwieriger Fall von hoffnungsloser Selbstüberschätzung!" Denn niemand ist jemals vor Amors Pfeil sicher. Niemand und niemals! Auch ältere Menschen übrigens nicht. Im Gegenteil! Es gibt nicht umsonst den

Spruch: "Wenn eine alte Scheune brennt, dann brennt sie lichterloh." Wer also einen "zweiten Frühling" erlebt (und davon ist mit ziemlicher Sicherheit auszugehen, wenn man nicht vorher stirbt), der oder die sollte gut gewappnet sein. Auch bekennenden Singles und langjährigen Witwern ist daher eine optimale Vorbereitung empfohlen. Oder anders ausgedrückt: Der Kluge trainiert schon vorher für eine mögliche Gipfelbesteigung, denn ohne Übung ist so ein schwieriges Unterfangen Wahnsinn!

Aber das starke Begehren unterscheidet sich in einer Sache dann doch grundlegend von unserem sonstigen Stress mit unserer Umwelt:

Die Attacken treffen nicht von außen auf unseren Körper, wie im Beispiel des Tigers, der plötzlich vor uns steht. Sehnsucht und Leidenschaft befallen uns zwar ähnlich heftig wie ein Raubtier, doch mit einem feinen Unterschied: keiner kann das Monster sehen. Auch wir selbst nicht! Interessanterweise benötigen wir für einen Sehnsuchtsanfall zunächst noch nicht einmal ein "Objekt der Begierde", denn der Sexualtrieb ist zuerst einmal ungerichtet. Zu Beginn äußert er sich in einer unbestimmten Unruhe. Besonders gut ist dieses Phänomen übrigens bei Jugendlichen in der Pubertät zu beobachten.

Das "Tier in uns" erwacht immer wieder in den unpassendsten Situationen und versetzt uns in Angst und Schrecken. Vor einem äußeren Feind könnte man weglaufen, oder es zumindest versuchen. Doch wie schützt man sich vor den inneren Biestern, die uns quälen? Wie bleiben wir reaktionsfähig, obwohl der plötzliche Angriff des Begehrens und sexuellen Verlangens uns den Atem raubt und die Brust zuschnürt?

Nun, eigentlich ganz einfach: von A bis Z und von Z bis A.

Sexualtrieb

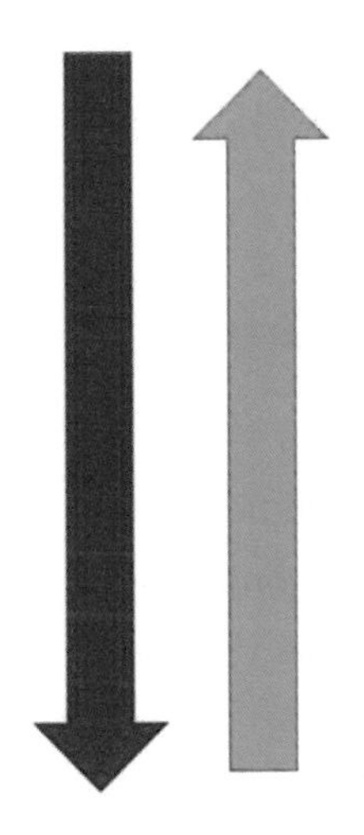

Atmen
Bewegung
Check
Durst
Entleeren
Faulenzen
Geborgenheitsgefühl
Hunger
Ideen
..
Zauberhafte **Z**iele

Plötzlicher Stress

Geplanter Stress

Denn wie auch bei äußeren Feinden und Gefahren, setzt der Sexualtrieb Stresshormone frei. Blutdruck und Herzfrequenz steigen. Gliedmaßen aller Art werden besser durchblutet. Wir sind konzentriert und aufmerksam. Oder anders ausgedrückt: Liebesstress ist zunächst einmal gut für den Kreislauf! Allerdings nur, solange er nicht zum Dauerstress wird. Daher ist es so wichtig, den "Biestern der Leidenschaft" einen ordentlichen Käfig zu bauen, in dem man sie zumindest zeitweise sicher verstauen kann. Bildlich gesprochen. Die Vorbereitungen ähneln also denen bei einer jeden geplanten Prüfungssituation, die immer wieder und wieder kommt.

Was aber tun im Notfall, wenn wir sabbernd mit offenem Mund und klopfendem Herzen eine ziemlich peinliche Vorstellung geben?

Wir benutzen einfach das „Notfall-ABC der körperlichen Bedürfnisse“ von A bis Z:

A: Atmen nicht vergessen! Tief in den Bauch und ganz bewusst ein- und ausatmen. Vielleicht dabei die Augen kurz schließen?

B: Bewegen Sie sich! Nein, Ihre Füße sind nicht am Boden festgeklebt. Es scheint nur so. Laufen Sie ein paar Schritte und achten Sie darauf, wohin Sie Ihre Füße setzen.

C: Na? Leben Sie noch? Schlägt Ihr Herz noch? Wie beruhigend! Dann ist doch alles in Ordnung!

D: Wasser! Sie haben einen ganz trockenen Mund bekommen. Die Zunge und die Lippen kleben. Wo ist der nächste Wasserhahn?

E: Gleich neben dem Wasserhahn finden Sie das "stille Örtchen", an das Sie sich zurück ziehen können...

F: ... und an dem Sie sich ein wenig ausruhen können.

G: Verabreden Sie sich mit einer Person, bei der Sie sich im Zweifel auch ausheulen können ...

H: ... und stärken Sie sich bei einer gemeinsamen Mahlzeit...

I: ... und entwickeln Ideen, wie Sie Ihrem persönlichen Liebesziel näher zu kommen können.

Z: Apropos, was ist eigentlich Ihr Ziel? Wollen Sie eine Beziehung "bis dass der Tod uns scheidet"? Oder lieber einfach ein Single-Dasein mit amourösen Intermezzi ohne Verantwortung für einen anderen Menschen? Oder entsagen Sie völlig jeglicher Fleischeslust? Nun, wie auch immer. Seien Sie ganz ehrlich mit sich selbst und versuchen Sie nicht, sich etwas vorzumachen!

Doch „nach dem Hormonwirbelsturm“ ist „vor dem nächsten Sexualtriebanfall“! Soviel ist sicher! Irgendwann wird er Sie wieder treffen! So sicher wie das Amen in der Kirche! Wer nicht vorbereitet ist, rennt absolut unverantwortlich ins eigene Verderben. Würde ein Feuerwehrmann jemals ohne Atemschutzmaske in ein brennendes Gebäude eindringen? Nein, das wäre Wahnsinn!
Wie aber bereiten wir uns optimal auf die nächste Krisensituation vor? Wie gelingt es, einen sicheren Aufbewahrungsort für unsere Leidenschaften in unserem Inneren zu schaffen?

Ganz einfach von Z bis A:
Z: Vor welcher inneren Bestie graust Ihnen am meisten? Welche Sehnsüchte quälen Sie immer wieder? Welche möchten Sie am liebsten loswerden? Welche nicht? Wollen Sie das Objekt Ihrer Begierde eigentlich tatsächlich erobern oder lieber nicht?
I: Wenn ja, planen Sie das weitere Vorgehen. Wo könnten Sie die geliebte Person treffen? Wie ins Gespräch kommen? Falls Sie es sich aber (aus welchen Gründen auch immer) nicht gestatten wollen, entwickeln Sie eben stattdessen Ideen, wie Sie Ihren inneren Triebmonster in Zaum halten könnten: Mit was könnten Sie sich ablenken? (Achtung: versuchen Sie **nicht**, Ihren Sexualtrieb zu unterdrücken! Dadurch wird das Problem nur größer!) Vielmehr suchen Sie nach einem oder mehreren "erotischen Blitzableitern"! Das kann eine Person sein, zum Beispiel im Idealfall ein menschlicher Partner, der gesellschaftlich akzeptiert ist, aber auch sportliche oder künstlerische Betätigung. Übrigens auch alles andere, was Sie in eine andere Welt entführen kann und was Ihnen körperlichen und geistigen Abstand verschafft.

H: Verwöhnen Sie sich (und vielleicht auch das Objekt Ihrer Begierde) mit Ihrem Lieblingsgericht. Es muss kein Gourmetmenü sein, sondern einfach etwas, was Ihnen besonders gut schmeckt.

G: Erzählen Sie jemandem, bei dem Sie sich geborgen fühlen, von Ihrem Liebesschmerz. (In besonders schwierigen Fällen kann ein Psychotherapeut sehr hilfreich und nötig sein!)

F: Gönnen Sie sich körperliche Ruhe. Ihre Gedanken werden zwar abschweifen, aber ärgern Sie sich nicht darüber! Ihr Gehirn macht nur seine Arbeit und versucht für Sie optimale Lösungsstrategien in Liebesdingen zu finden. Außerdem brauchen Sie alle Energie, die Sie tanken können.

E: Lassen Sie sich bewusst Zeit auf der Toilette. Nein, nicht husch-husch. Entleeren ist ein "dringendes Bedürfnis" und gehört somit als fester Bestandteil zur Vorbereitung dazu.

D: Trinken Sie keinen Alkohol, sondern lieber Tee. ... obwohl schüchterne Exemplare durchaus von ein wenig Lockerung profitieren können ... Also gut, gegen Alkohol in Maßen ist nichts einzuwenden, aber Vorsicht: keine Massen! Zu viel verdirbt die Lust!

C: Seien Sie sich sicher: Sie sterben nicht! Jedenfalls noch nicht und jetzt nicht!

B: Bewegen Sie sich! Ihr Körper soll doch fit für eventuellen „Matratzensport“ sein. Rennen Sie buchstäblich mit Ihren inneren Monstern und Sehnsüchten um die Wette!

A: Vergessen Sie nicht zu atmen und lächeln Sie dabei mindestens drei Minuten lang ohne Pause in sich hinein. Mit etwas Selbstironie und Humor liebt und lebt es sich viel leichter.

Und damit haben wir auch schon die ersten Gitterstäbe, die Ihre inneren Monster zähmen: die Fähigkeit, über die eigene Torheit lächeln zu können! Mit etwas Übung entwickelt sich daraus eine entspannte Gelassenheit. Denn wer das „Notfall-ABC der körperlichen Bedürfnisse“ angewandt hat, der kann sich in Ruhe dem Liebeskummer und der Sehnsucht widmen.

Tipp: Hilfreich ist dabei übrigens, sich ein lustiges Bild oder ein Lied zu überlegen, das Sie sich im Notfall vors innere Auge oder innere Ohr rufen können. Mein persönlicher Favorit ist ein ziemlich peinliches, zu allem Übel auch noch schwäbisches Faschingslied: "Noi, noi! Isch nix bassiert.." (Nein, nein! Ist nichts passiert) Ja, meine verbotene Leidenschaft ist definitiv Schwäbisch! Jetzt ist es raus!

Manchmal hilft übrigens auch einfach eine kalte Dusche.

Sollte es jedoch gar nicht Ihr Ziel sein, den Sexualtrieb in einem möglichen Anfall oder die inneren Sexualtriebmonster zu bekämpfen, sondern eher darin, ein potentielles „Objekt der Begierde“ zu umgarnen und zu bezirzen, so kann Ihnen das nächste Kapitel helfen.

Dr. K: Jetzt entspann dich mal!

Schlange: Du hast gut reden!

Dr. K: Willst du auch was abhaben?

Schlange: Nein!

Dr. K: Aber der Apfel ist wirklich sehr lecker.

Schlange: Quäle mich doch nicht so!

Dr. K: Wie?

Schlange: Na, wie verführerisch du abbeißt!

Dr. K: Ach? Macht dich das heiß?

Schlange: Sofort aufhören!

Dr. K: Aber der Apfel ist so saftig.

Schlange: Hilfe!

Dr. K: Du hast damit angefangen!

Schlange: Aber, ich wollte doch nur ein bisschen ... .

Dr. K: Was? Hmm?

Schlange: Oh, diese Lippen!

Dr. K: Gefallen sie dir?

Schlange: Oh, dieser Mund!

Dr. K: Du hast aber eine lange Zunge!

Woran Liebeskranke eigentlich leiden

Wie alle Krankheiten, so lässt sich auch Liebeskrankheit in akute (plötzliche) und chronische (langanhaltend immer wiederkehrende) Probleme einteilen. Mal kommt sie wie ein harmloser Schnupfen daher, mal wie eine Bronchitis, dann als Lungenentzündung oder am häufigsten als Asthma.

Nicht immer sind Sie sich der Heftigkeit des Liebesproblems übrigens wirklich bewusst. Mag sein, dass Sie zunächst versuchen, es als bedeutungslos abzutun. Denn manchmal schleicht sich Verliebtheit zunächst ganz harmlos an - ähnlich wie ein lästiger, kleiner Schnupfen. Ein paar Mal kräftig Schnäuzen macht dem Spuk bald ein Ende - meistens jedenfalls.

Doch wenn aus der unterschätzten Unpässlichkeit eine fieberhafte Infektion wird - wie zum Beispiel eine Nebenhöhlenvereiterung, Ohrenentzündung oder gar eine Lungenentzündung, so wachsen Angst und Panik.

Im Gegensatz zur akuten Infektionskrankheit, nach deren Abheilen der Körper meist wieder völlig gesund werden kann, laufen chronische Erkrankungen in Wellen ab. Nehmen wir zum Beispiel Asthma. Es kommt und geht. Immer wieder und ganz unerwartet wie ein alter, unliebsamer Bekannter.

Asthma ist übrigens - wie Liebeskummer - nicht heilbar. In den Griff bekommt man das Engegefühl auf der Brust und das Gefühl der Todesangst auf zwei Arten: 1. Entzündungshemmung für unaufgeregtes Durchatmen (Cortison) und 2. Muskelentspannung, damit sich die Luftwege weiten (so genannte Beta-Sympathikomimetika).

Gegen Asthma gibt es also Mittel, bei denen wir uns für Liebeskummer etwas abschauen können.
Cortison hat in unserer Gesellschaft ein schlechtes Image - zu Unrecht wie ich meine. Es ist lediglich vom körpereigenen Cortisol abgeschaut, das in Stresssituationen ins Blut ausgeschüttet wird. Die eigentliche Funktion dieses Stresshormons ist es, den Körper zu beruhigen. Kämpft dieser also bei Allergien völlig widersinnig gegen eigentlich Unschädliches oder sogar gegen sich selbst, so stoppt Cortison den Wahnsinn. Wer also jemals mit einem echten allergischen Schock zu kämpfen hatte, kennt die segensreiche Wirkung des Cortisons und ist dafür dankbar.
Doch außer dem "Reg-dich-doch-ab" des Cortisons ist die Entspannung der Muskulatur wichtig. Als Medikament verabreichen wir ein Beta-Sympathikometikum, das zu mehr Lockerheit führt und so die engen, angespannten Atemwege wieder weit macht.
Doch wie soll es uns in Angst, Schmerz und Hilflosigkeit gelingen, entspannt, gelassen und ruhig zu sein?
Die Lage könnte außer Kontrolle geraten und unweigerlich zu körperlichen Schäden oder gar zum Tod führen. Auch bei fieberhaftem Liebeswahn kann ja mitunter der Eindruck entstehen, man würde sterben. Und wie schon gesagt: Die Sorge ist durchaus berechtigt, denn manch einer überlebt weder Asthma, noch Lungenentzündung, noch Liebeswahn. Die unterschätzte, anfängliche Schwärmerei ist dann zur ernsthaften, ausgewachsenen Verliebtheit geworden, vor der uns heftig gruseln kann. Insbesondere dann, wenn das Herz der Vernunft nicht mehr gehorchen will. Wenn es wild zu klopfen beginnt, obwohl es ruhig bleiben sollte. Ärgerlich, wütend und vor allem hilflos macht uns so

ein ungehöriges, flottes Pochen in unserem Brustkorb. Es soll sogar Fälle geben, bei denen Herzrasen eintritt, bevor das Objekt der Begierde bewusst wahrgenommen wird. Unheimlich beängstigend! Das Unbehagen steigert sich ins Unermessliche, wenn das Gehirn nun erst "durchblickt", was gehässige Mitmenschen wahrscheinlich schon länger durchschaut haben. Peinliches Erröten macht die ganze Sache nur noch schlimmer. Der Verliebte ist verstört und leidet an den drei körperlichen Geißeln der Menschheit: Angst, Schmerz und dem Gefühl, ausgeliefert zu sein.

Dieses Horrortrio ist schlimmer als der Tod. Viel schlimmer! Der Tod selbst ist ruhig, friedlich und würdevoll. Doch die Todesangst, der Todesschmerz und das hilflose Ausgeliefertsein sind die größten körperlichen Qualen, die wir zurecht um jeden Preis vermeiden wollen.

Bei jedem Notarzteinsatz kämpfen wir genau gegen diese drei Schrecken. Wie bekämpfen wir sie?

Nun, eigentlich ganz einfach: beruhigen, Schmerzen nehmen und Vorhersehbarkeit vermitteln. Wie gelingt uns das?

Allein die Notarztkleidung dient schon der Vertrauensbildung. Auf dem Rücken prangen die Buchstaben „NOTARZT“ oder „NOTÄRZTIN“ und vorne auf einem kleineren Schild der Name.

Vertrauen und das Wissen, dass jemand da ist, der sich kümmert, haben eine ungemein beruhigende Wirkung. Sollte das noch nicht genug sein, so birgt unser Notarztkoffer Beruhigungsspritzen, die äußerst effektiv gegen Angst wirken.

Gegen die Schmerzen haben Notärzte außerdem verschiedene Arten von Morphinen. Und wenn alles nicht hilft, können wir sogar mit einer kleinen Kurznarkose dienen.

Erzählt der Arzt oder die Ärztin während der Behandlung, welche weiteren Schritte folgen werden, so kann man beobachten, wie sich die Patienten zunehmend entspannen. Vorhersehbarkeit und Berechenbarkeit haben also eine äußerst beruhigende und sogar schmerzlindernde Wirkung.
Zusammenfassend sind also Mut, Vertrauen und Vorhersehbarkeit die Rezepte gegen Angst, Schmerz und Willkür.

Auch Liebeskummer bringt genau diese drei Schrecken mit sich: die Angst vor dem Schmerz der Zurückweisung durch den Geliebten und das Gefühl, hilflos ausgeliefert zu sein.
In einer Studie führte sogar schon ein harmloses Ballspielen zur Aktivierung des Gehirns, vergleichbar mit dem Schmerz, der entsteht, wenn ein scharfes Messer die Haut verletzt. Die Versuchsperson bekam beim Ballspiel zu dritt den Ball nicht mehr zugespielt und musste zusehen, wie die anderen beiden Spaß hatten. Der Schmerz der Zurückweisung und des Ausgeschlossenseins ist also nicht zu unterschätzen! Doch auch die Angst vor der Lächerlichkeit und die Hilflosigkeit einer unerfüllten Sehnsucht sind unaussprechliche Qualen, bei denen sogar Lebensgefahr drohen kann. Und sei es nur, um diesen unerträglichen Qualen ein Ende zu bereiten.

Wie aber sieht dieser Kampf gegen Angst, Schmerz und dem Gefühl, ausgeliefert zu sein, ganz praktisch aus? Was ist zu tun, wenn der Frust in Liebesdingen einfach nicht verschwinden will?
Was, wenn das Liebesleben wie der sprichwörtliche „Karren im Dreck“ festgefahren ist?

Was tun bei langanhaltendem Sexfrust?

Nun, auch der chronische, wiederkehrende Kummer und Frust sind nichts anderes als eine besondere Art von Stress. Wie ein Schuhbändel einen Wanderschuh besonders effektiv festzurrt, so würde ich bei langanhaltendem Sex- und LiebefFrust das Notfall-ABC der körperlichen Bedürfnisse im Zickzack empfehlen.

Liebeskummer / Sexfrust

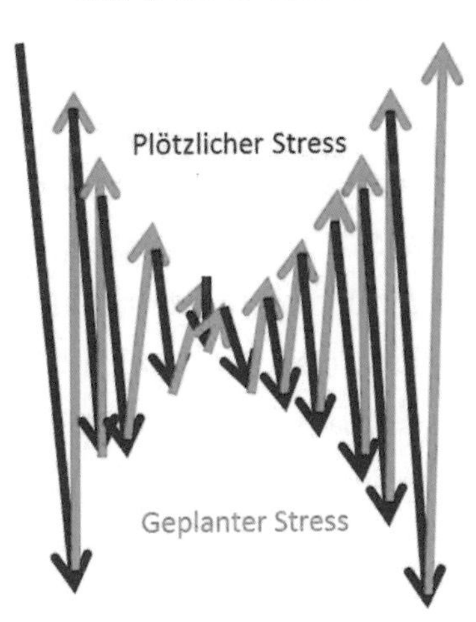

Atmen
Bewegung
Check
Durst
Entleeren
Faulenzen
Geborgenheitsgefühl
Hunger
Ideen
..
Zauberhafte **Z**iele

A. Zuerst seufzen Sie tief über die Hoffnungslosigkeit der großen Liebe und die Unmöglichkeit einer unsterblichen, unveränderlichen und einer „bis in alle Ewigkeit“ in Stein gemeißelten Liebe. Schwelgen Sie kurz im Selbstmitleid, dass Sie sowieso niemals im Leben auf der ganzen großen Welt den einzig geeigneten Partner finden werden, obwohl biologisch gesehen unzählige potentielle Liebespartner existieren, denn sonst hätte die Menschheit wohl nicht überlebt. „Der Richtige“ oder „die Richtige“ ist also nur Ihre eigene Definition! Das tiefe Durchatmen wird Ihnen guttun.

Z. Beschreiben Sie ganz ehrlich Ihr persönliches Liebesziel. Dabei muss es sich in den meisten Fällen gar nicht um das Prinzessin-wird-von-Prinz-gerettet-und-lebt-mit-ihm-und-vielen-Kindern-glücklich-bis-an-das-Ende-ihrer-Tage-Schema handeln. Vielleicht haben Sie in Liebesdingen auch ein ganz anderes Ziel. Wenn Sie sich eben von Ihrem Mann haben scheiden lassen, wünschen Sie sich nun vielleicht eine lockere Beziehung zum Bauchstreicheln und ohne die Pflicht, die schmutzigen Socken des Partners waschen zu müssen. Eine Nymphomanin, die alles ausprobiert hat, mag jetzt vielleicht einen alten, gesetzten Versorger zum Verwöhnen. Egal, wie Ihr Ziel jetzt auch aussehen mag, seien Sie schonungslos ehrlich mit sich selbst. Und vor allem: Nehmen Sie Ihr aktuelles, persönliches Ziel von ganzem Herzen mit einem „Ja!“ an.

B. Bewegen Sie sich. Gehen Sie wandern oder fahren Sie Rad!

I. Entwickeln Sie in Bewegung Ideen, wie Sie Ihrem persönlichen Ziel näherkommen möchten und planen Sie die Zwischenschritte. Wo könnte sich Ihr Traumpartner verstecken? Beim Salsatanzen oder vielleicht doch eher bei der Rettungshundestaffel?

C. Überlegen Sie, ob Ihr Leben momentan in Gefahr ist und erkennen Sie erleichtert, wenn es sicher ist.

H. Auch die Nahrungsaufnahme sollten Sie genießen. Bereiten Sie sich selbst etwas zu, was Sie gern mögen. Es darf auch Schokoladenpudding sein, aber nicht zu viel!

D. Trinken Sie nun einen Schluck. Gedanken werden übrigens – das ist wissenschaftlich erwiesen – positiver bei einem warmen Getränk. Heißes Wasser mit gut duftenden Kräutern ist also sehr zu empfehlen.

G. Ihre Gedanken wandern nun zu den Menschen in Ihrer Umgebung. In wessen Gesellschaft fühlen Sie sich am wohlsten? Nach wem haben Sie Sehnsucht? Organisieren Sie ein Treffen. Sprechen Sie mit Menschen, denen Sie vertrauen, über Ihre Träume und Wünsche und hören Sie deren Rat an.

E. Gönnen Sie sich eine entspannte Klositzung und vergessen Sie den Hüftwinkel nicht. Nehmen Sie zum Beispiel einen Liebesroman als Lektüre mit.

F/F. Im Zentrum steht nicht ohne Grund das Schlafen. Dieses hat mehrere Funktionen. Zum einen ruht der Körper und schöpft nötige Energie. Auch die Mitose, die einzig tatsächlich wirksame Verjüngungskur für die Zellen, ist während des Schlafens voll aktiv, arbeitet sozusagen gegen unsere Falten und hält uns jung und frisch. Auch unsere Gedanken werden geordnet, während wir träumen. Vielleicht können Sie sich nach dem Aufwachen noch an Ihre Träume erinnern.

Oft können Liebeskummergeplagte allerdings nicht schlafen, weil ihre Gedanken nur noch um die geliebte Person kreisen. Diese Fixierung aufheben zu wollen, kann eine unmögliche Herausforderung darstellen. Versuchen Sie es daher anders herum: Stellen Sie sich das Objekt Ihrer Begierde tief schlafend vor. Lächeln Sie sanft und wünschen Sie der geliebten Person von ganzem Herzen einen erholsamen Schlaf. Konzentrieren Sie sich auf deren imaginäre, langsame Atemzüge. Diese friedliche

Vorstellung kann auch Sie entspannen und wie einen Computer „herunterfahren“.

E. Gönnen Sie sich nach dem Schlaf eine gemütliche Toilettensitzung. Lesen Sie vielleicht dabei. Je weniger Ballast Sie mit sich herumschleppen, umso leichter fühlen Sie sich.

G. Schenken Sie sich selbst Zuwendung in Form von Körperpflege: zum Beispiel mit einer warmen Dusche, betörenden Düften oder schmeichelnden Cremes. Telefonieren Sie mit Ihrer besten Freundin/Freund oder noch besser: treffen Sie sich mit ihnen!

D. Erfrischen Sie sich mit Trinkwasser! Es belebt Ihre Lebensgeister und schenkt Ihnen die notwendige Zuversicht.

H. Zum Getränk noch eine Kleinigkeit essen ist Balsam für die Seele. Es stärkt Sie auch für Ihr Vorhaben, für die „große Liebe“ offen zu sein.

C. Checken Sie einfach so zum Spaß, ob Ihr Leben immer noch sicher ist. Riechen Sie etwas Seltsames? Oder hören etwas Merkwürdiges? Nein? Dann ist doch alles okay. Oder? Was soll Ihnen schon passieren?

I. Entwickeln Sie Ideen, wo Sie sich selbst am wohlsten fühlen. Welche Menschen faszinieren Sie? Oft sind es nicht die angepassten Spießer, die wir bewundern, sondern die Freaks und Spinner. Wer brennt für sein Hobby oder seine Berufung? Was wollten Sie selbst immer schon mal tun? Wäre das, was Sie vorhaben, wirklich so verrückt?

B. Machen Sie sich auf zu neuen Ufern! Gehen Sie in Konzerte, die Sie sonst nie besucht haben. Lassen Sie sich auf Neues ein, auch wenn es überhaupt nicht Ihr Geschmack ist. Wenn Sie Klassikfan sind, hören Sie sich doch mal „Death metal“ an. Und umgekehrt.

Probieren Sie eine neue Sportart aus. Es gibt tolle Kurse zum Beispiel in der VHS oder in der Tanzschule. Wie wäre Bauchtanz, Zumba oder Stepptanz?

Z. Überlegen Sie sich nun, was Sie besonders verzaubert. Hierbei steht zunächst ganz Ihr persönliches Wohlbefinden im Mittelpunkt. Es geht um eine Tätigkeit, bei der Sie mit sich im Reinen sind. Hobbies oder auch (allerdings deutlich seltener) der Beruf können solch ein Verzücken auslösen. Die starken, positiven Gefühle, die Sie empfinden, machen Sie begehrenswert und „sexy“. Ihre Umgebung bemerkt sofort, wenn Ihr „inneres Strahlen“ nach außen scheint. Begeisterte Menschen wirken schön und üben eine unwiderstehliche Anziehungskraft auf ihre Mitmenschen aus.

Wo also werden Sie Ihren Lebenspartner mit höchster Wahrscheinlichkeit finden? Na? Wie gelingt es Ihnen, Ihren derzeitigen Lebenspartner auch weiterhin zu verzaubern?

Natürlich, indem Sie sich die Umgebung suchen, in der Sie - ähnlich wie eine Batterie - neue (erotische) Energie auftanken können. Falls Ihnen also Ihr Beruf keine ausreichende Bedürfnisbefriedigung schenkt, sollten Sie sich einen Verein, ein Hobby oder eine Gruppe suchen, in der Sie sich zugehörig fühlen. Zeigen Sie dort Ihre Leidenschaft und Ihr wahres Gesicht. Sie werden staunen, wie andere Menschen Sie plötzlich dafür bewundern werden und auch Ihr Partner sich plötzlich neu in Ihr Strahlen verliebt.

A. Schultern zurück, Mundwinkel hoch, tief durchatmen! Jetzt dürfen Sie sich hinaus in die Welt wagen.

Redaktionelle Anmerkung: Ich muss zugeben, dass mir beim Verfassen dieses Kapitels selbst nicht klar war, wieviel Wahrheit und Vorhersehbarkeit in diesem Text steckt. Monate später muss ich folgende **Risiken und Nebenwirkungen** hinzufügen:
Die unerwartet starke Wirkung der letzten drei Absätze (I, B und Z) kann dazu führen, dass auch Exmänner bzw. „in Scheidung lebende Ehemänner“ plötzlich wieder auf Freiersfüßen wandeln und versuchen, die ehemalige Partnerin zu umgarnen. Dafür verantwortlich ist der plötzliche Wechsel der persönlichen Ausstrahlungskraft durch das neue Hobby. Plötzlich erkennt der Mann, was er all die Jahre übersehen hatte! Nämlich, dass die Frau an seiner Seite absolut zauberhaft war und es immer noch ist. Diese späte Erkenntnis kann äußerst schmerzhaft sein! Sollte diese Nebenwirkung bei Ihnen eintreten, empfehle ich: Locker bleiben! Nicht ärgern über die verstrichenen Möglichkeiten und die vergeudeten Jahre! Fassen Sie es als schönstes Kompliment auf: Sie können sogar versteinerte Herzen wieder höher schlagen lassen! Sie sind Meisterin im “Verzaubern“! Gratuliere!
(Natürlich gilt das Ganze auch für vertauschte Geschlechterrollen.)

Schlange: Es war ein Fehler!

Dr. K: Was?

Schlange: Ich hätte dir den Apfel nicht geben dürfen.

Dr. K: Wieso nicht?

Schlange: Diese schrecklichen Nebenwirkungen!

Dr. K: Ich weiß nicht, was du meinst.

Schlange: Das Paradies ist jetzt für immer verloren!

Dr. K: Also ich finde es ganz zauberhaft.

Schlange: Du bringst mich noch um den Verstand!

Dr. K: Wirklich? Wie schön!

Schlange: Du machst mir Angst!

Dr. K: Komm zu mir!

Schlange: Ich kann mich nicht wehren.

Dr. K: Wieso solltest du?

Schlange: Nein, nein! Ich muss fort!

Dr. K: Oh, du lässt dich ja gar nicht festhalten.

Schlange: Das haben Schlangen so an sich.

Soforthilfe für Ungeduldige

Es gibt auch eine superschnelle Rettung für den Liebesnotfall! Sie besteht aus einem einzigen Satz.
Ich fragte eine meiner liebsten Freundinnen einmal, welcher Ihrer „Lebensabschnittsgefährten“ eigentlich ihre „große Liebe“ gewesen sei. Der Name des Mannes kam ihr ohne lange Überlegungen über die Lippen. „Was zeichnete ihn denn besonders aus?“ fragte ich weiter. Sie lächelte, „Er strahlte so viel Geborgenheit aus, dass mir bei ihm niemals etwas peinlich war!“

Im Grunde besteht die Notfallhilfe also darin, folgenden Satz zu verinnerlichen: **In der Liebe ist nichts peinlich!**
Denn die Ursache des Liebeskummers ist medizinisch betrachtet nichts Anderes als "nur" die *Pein*-lichkeit. Die Angst vor Peinlichkeit, der Schmerz der Peinlichkeit und die Peinlichkeit, hilflos ausgeliefert zu sein. Und gegen Peinlichkeit hilft ...? Na, erinnern Sie sich noch? Genau! Das Geheimnis besteht darin, einen anderen Zusammenhang herzustellen und das vermeintlich Peinliche gemeinsam zu tun.
Zu allererst hilft also die Erkenntnis, als Liebeskranker in bester Gesellschaft zu sein. In allerbester! Selbst Könige, Präsidenten und Superstars sind vor amourösen Verzauberungen nicht sicher. Verliebt zu sein, ist nur allzu menschlich.
Und wenn das Herz rast, mag es Sie zwar ängstigen, doch andererseits: Verliebtheit ist gut für den Kreislauf! Es ist das Gefühl, lebendig zu sein. Und das Leben ist nicht nur wunderschön, sondern auch äußerst faszinierend!

Fühlen Sie doch mal Ihr pochendes Herz! Wie fleißig es sich für Sie abmüht. Und Ihre Wangen glühen? Gut so! Was? Sie sehnen sich nach Ruhe? Nach Gelassenheit? Wieso? Ruhe hat man noch genug ... im Grab! Jetzt aber leben Sie! Und Leben ist Unruhe. Herrliche Unrast des Herzens, der Atmung und des Gehirns. Drehen Sie den Spieß doch einfach mal um! Genießen Sie Ihr Herzklopfen! Und genießen Sie die Achterbahn des Lebens und Liebens. Denn - ob Sie es glauben oder nicht: so schnell stirbt man nicht! Schon gar nicht an sexuellem Begehren.

Sexualtrieb kann auch als „Sehn-*Sucht* nach dem geliebten Menschen" verstanden werden. Liebeskummer ist also eine Art „Entzugserscheinung", bei der der Süchtige seiner Sucht nicht nachgeben kann. Im Fall von Sehnsucht nach Geborgenheit und sexueller Erfüllung sind die körpereigenen Suchtstoffe vor allem Endomorphine, die dem Morphium sehr ähnlich sind. Liebeskranke verhalten sich daher manchmal wie „Junkies auf Entzug". Sie wirken fahrig, unruhig und zittrig. Erst in Gesellschaft der suchtmachenden Person werden sie im Idealfall wieder ruhiger und gelassener. Vergleichbar mit einem Methadonersatzprogramm bei Junkies können aber auch Sport, Musik oder andere Hobbies zu Endomorphin-Ausschüttungen führen. Diese Tätigkeiten wirken also wie Ersatzdrogen.

Vorsicht: Nehmen Sie als Ersatzdroge niemals Alkohol! Er hilft nur kurzfristig und bringt Sie nicht ans gewünschte Ziel! Und auch von echtem Morphium oder deren verwandte Substanzen wie zum Beispiel Heroin kann ich nur abraten! Keine gute Idee!

Gegen Liebes-Sehn-*Sucht* hilft ein ganz einfaches Gegenmittel:

Staunen!

Kindlich naives Staunen wirkt Wunder! Probieren Sie es doch einmal aus: Lehnen Sie sich entspannt zurück. Schultern nach hinten. Dümmliches Lächeln. Tief einatmen! Stellen Sie sich den geliebten Menschen vor dem geistigen Auge vor oder betrachten Sie ihn „in echt“! Bewundern Sie ganz naiv alles, was Ihnen an ihm gefällt. Sie brauchen sich dabei nicht zu schämen! Staunen ist etwas Wunderbares! Es mag Ihnen zwar kindisch vorkommen, aber:

Staunen zeigt Ihrem Gegenüber Ihre Begeisterung! ... und wer will schon nicht bewundert werden? Staunen ist lediglich ein Kompliment für den Bestaunten. Nicht mehr, aber auch nicht weniger! Es ist dabei völlig egal, ob Sie sich zum Volltrottel machen oder nicht! Denn verliebt oder verzaubert zu sein, ist niemals peinlich! Im Gegenteil: wer hemmungslos schwärmen kann, ist äußerst sympathisch ... und menschlich!

Zusammenfassung

1. Staunen hilft!
2. In der Liebe ist nichts peinlich!

Übung

Welche Künste gefallen Ihnen besonders? Welche Künstler faszinieren Sie?

In darstellender oder bildender Kunst, in Heil-Kunst und in der Liebes-Kunst ist tatsächlich nichts peinlich. Notieren Sie folgendes auf einem Zettel und hängen ihn an Ihren Lieblingsort:

In der Kunst und in der Liebe

ist NICHTS peinlich!

Dr. K: Du bist ja immer noch da!

Schlange: Ja.

Dr. K: Ich dachte, du wolltest mich verlassen.

Schlange: Ich kann es nicht.

Dr. K: Wieso nicht?

Schlange: Ich muss in deiner Nähe bleiben.

Dr. K: Soso!

Schlange: Ich muss dich sehen.

Dr. K: Wie süß!

Schlange: Ich bin nicht süß! Ich bin ein Monster!

Dr. K: Ich habe aber gar keine Angst!

Schlange: Du bist schon sonderbar!

Dr. K: Oh, du bist ja ...

Schlange: Was?

Dr. K: Nackt!

Ausblick

Begehren oder Sehnsucht nach einem Menschen gleichen manchmal einem Schnupfen, einer Lungenentzündung und in den allermeisten Fällen dem wiederkehrenden Asthma. Doch die meisten quält ein ganz und gar anderes Problem.

"Was soll ich nur tun?", fragte mich eines Tages ein junger Mann. "Meine Freundin möchte wissen, warum ich ihr nicht hdgdl (hab dich ganz doll lieb) schreibe? Aber ich bin im Moment gar nicht so verliebt." Ich lächelte nachsichtig und antwortete: "Aber, aber! Die Verliebtheit ist doch kein immerwährender, gleichbleibender Vollfön! Sie ist wie die Wellen des Meeres. Mal schwappt sie heran, mal zieht sie sich zurück, mal überrollt sie dich, dann entfernt sie sich wieder."

Er schaute mich hilflos an: "Na toll. Aber was mach ich jetzt?"

"Du verliebst dich einfach nochmal neu in sie."

"Aha, und wie?"

"Ganz einfach ..." Und ich erklärte ihm einen ganz simplen Trick, der tatsächlich funktionierte.

Das ist übrigens das Thema meines nächsten Buches "Körperliche Lust".

... und wer dann noch immer nicht genug hat, bekommt als dritten Band "Körperliche Ekstase", die hohe (Heil-)Kunst der Liebe.

Ich würde mich freuen, wenn Sie wieder dabei wären!

Bis dahin:

Leben und lieben Sie wohl!

Dr. Heide Kraut (alias Dr. med. Sibylle Mottl-Link)

Danksagungen

An erster Stelle möchte ich mich ganz herzlich beim Landesverband Amateurtheater Baden-Württemberg bedanken, ohne dessen finanzielle Förderung dieses Skript und die dazugehörigen Lesungs-Puppentheater-Veranstaltungen nicht in dieser Form möglich gewesen wären. Besonderer Dank geht an meine Lesungsagentin Kathrin Schulte-Wien (www.kulturmacherin.de), an Puppenbauer Norman Schneider (www.figurenschneider.de), an die Illustratorin Sabine Nierzwicki, den Grafiker Gabor Pesthy und an die Fotografin Gudrun-Holde Ortner. Herzlichen Dank an Heike Dürr und die Damen vom Literatursalon Ladenburg für die Rückmeldungen zur ersten Testversion, an das Organisationsteam des Science Slam Mannheim und an Andre Kleber von der DRK-Wasserwacht Werdau für die Organisation der Vorpremiere.

Besonders inspiriert und/oder unterstützt haben mich außerdem (in alphabetischer Reihenfolge des Vornamens):

Dr. Anke Fink, Anna Reimann-Dubbers, Alexander Czech,
Barbara Grom, Barbara Wolf, Bettina Reimet, David Link,
Dr. Donate Taufenbach, Dr. Eckart v. Hirschhausen,
Hedwig Link, Dr. Hildegard Radig-Thomas, Hitomi Wikening,
Jeff Dunham und „Achmed“, Jenja Tiede, Giulia Enders,
Dr. Joachim Dauer, Katja Bense, Magdalena Mottl,
Mariel Radlwimmer, Markus Uhl, Dr. Petra Emundts-Trill,
Peter Kutschar, Sebastian Pesthy, Silvia Mottl-Pesthy,
Simon Link, Dr. Stella Freudenberg, Tanja Benedict
und mein lieber Mann Tobias Link, sowie die Protagonisten folgender Anekdote:

Die Stimme der Schlange

Mit ungeahnten Schwierigkeiten sah ich mich plötzlich bei den Vorbereitungen zur Lesungs-Comedy-Puppentheater-Veranstaltungen "Körperliche Bedürfnisse" konfrontiert. Meinen anderen Puppenfiguren (Vogel Cora oder Darmbakterium Coli) hatte ich ohne Probleme meine hohe Sopranstimme leihen können. Die Schlange aber sollte tief und gefährlich klingen. Sobald die Klappmaulfigur also vom Puppenbauer geliefert worden war, probierte ich unser Zusammenspiel vor dem Spiegel aus. Doch schon nach zwei Minuten war ich so heiser, dass ich kaum noch sprechen konnte. Ich machte eine Pause und versuchte es zu einem späteren Zeitpunkt erneut. Das Ergebnis aber blieb dasselbe: Ich würde mir meine Stimme komplett ruinieren und nie wieder auf der Bühne stehen können. Ich war verzweifelt!
Zur selben Zeit fuhr ich bei Notarzteinsätzen mit, um in Zukunft auch neben meiner Lesungstätigkeit weiter als Ärztin arbeiten zu können. Ich liebe meinen Beruf nun mal. Als Notärztin sind zeitlich flexiblere Dienste eher möglich als in einer Praxis oder im Gesundheitsamt.
Am Stützpunkt traf ich auf den langjährigen Rettungsassistenten Matthias Bender und den Notarzt Dr. Simon Dubler. Beide hatten (obwohl sicherlich nicht abgesprochen) Tätowierungen am gesamten Arm. Und beide waren begeisterte Heavy-Metal-Fans!
Nun liebe ich persönlich ja eher engelsgleiche Kirchenmusik. Mit Heavy Metal hatte ich mich also noch nie beschäftigt ... und ich hatte es eigentlich auch gar nicht vor! Meine beiden Kollegen aber drehten nach jedem Einsatz ihren ohrenbetäubenden Lärm auf.

Nun gab es für mich also nur die Wahl, entweder die nächsten zwölf Stunden zu leiden oder eben nicht. Ich entschied mich fürs Zuhören und wurde dafür später auf unvorhersehbare Art und Weise belohnt.
Matthias und Simon glühten vor Begeisterung, als sie von den verschiedenen Bands und unter anderem vom Festival in Wacken erzählten. Sie schienen es sichtlich zu genießen, dass ich mich für ihr Hobby und ihre Leidenschaft interessierte. Und auch mich faszinierte es zunehmend, ihren spannenden Geschichten zu lauschen.
Dabei erfuhr ich von der Gruppe "Arch Enemy", deren Frontsängerin eigentlich Mezzosopran ist, jedoch "klingt wie ein Kerl". Als ich das nicht glauben wollte, spielten mir die beiden den Song "Nemesis" vor. (Schauen Sie sich gerne den YouTube-Film davon an! Es lohnt sich!)
Angela Gossow ist darin ein blondes, beneidenswert hübsches Vollweib im knallengen, roten Overall. Sobald sie aber den Mund aufmacht, kann man nur noch staunen. Der Klang, den sie produziert, steht in krassem Gegensatz zu ihrer Erscheinung.
In diesem Moment wusste ich, dass ich die Lösung für mein "Problem mit der Schlange" gefunden hatte. Denn wenn diese Sängerin den vokalen Kraftakt im Konzert locker zwei bis drei Stunden durchhielt, dann war es tatsächlich möglich! Das konnte meine Rettung sein!
Wieder zu Hause schrieb ich Angela Gossow eine Email. Ein paar Jahre vorher hatte diese sich ins Management zurückgezogen und einer Nachfolgerin die Bühne überlassen. Trotzdem rechnete ich nicht mit ihrer Antwort. Sie würde mich wahrscheinlich für eine

verrückte Spinnerin halten, wenn ich ihr von meiner Stoffschlange erzählte. Zwar hatte meine Lesungsagentin schon entsprechende Pressefotos auf ihrer Website veröffentlicht, aber würde die Death-Metal-Sängerin überzeugen, mir zu helfen?
Ich freute mich riesig, als ich eine Antwort von ihr erhielt. Darin empfahl sie mir die Lehr-DVDs für angehende Heavy-Metal-Sänger "Zen of Shouting" von Melissa Cross. Außerdem sollte ich mir unbedingt eine Logopädin suchen, die auf Vielsprecher und Sänger spezialisiert ist.
Gesagt, getan! Ich bestellte mir die DVDs und sah sie mir an. Als ich grölend, knurrend und knarzend vor unserem Bildschirm im Wohnzimmer saß, dachten sich meine beiden Teenager-Söhne: "Jetzt dreht unsere alte Mutter komplett durch!"
Auch mein armer Hund musste sich erst daran gewöhnen, dass ich bei unseren Waldspaziergängen unheimliche Geräusche von mir gab. Ein paar Wanderern jagte ich mit meinen Stimmübungen einen gewaltigen Schrecken ein. Doch es lohnte sich.
In den wöchentlichen Übungen mit der Logopädin Angelika Moser-Hartmann näherte ich mich ganz vorsichtig immer mehr meiner Monsterstimme an. Und dann war es endlich tatsächlich soweit: es gelang mir immer zuverlässiger, meine Stimme so tief klingen zu lassen, dass sie mir selbst unheimlich wurde. Angelika, die mit mir fleißig übte, hatte oft Tränen in den Augen – mal Lachtränen und mal Tränen der Rührung.

Meine unheimliche Schlange erwachte dank "Death Metal" zum Leben!

Anhang: Übersicht der Übungen aus dem Lesungs-Workshop:

Pantomimische Übungen als Merkhilfe

A - Atmen
Ziehen Sie die Mundwinkel nach oben und atmen dreimal bewusst ein und aus.

B - Bewegen
Kreisen Sie die Schultern.

C – Check der Lebenssicherheit
Schauen Sie erst zur einen, dann zur anderen Seite.

D - Durst
Machen Sie eine symbolische Handbewegung für „Trinken".

E - Entleeren
Legen Sie den Bauch auf die Oberschenkel.

F - Faulenzen
Symbolisieren Sie „Schlafen" durch die gefalteten Hände an der Wange.

G - Geborgenheit
Umarmen Sie sich selbst.

H – Hunger
Legen Sie die Fingerspitzen Ihrer rechten Hand an Ihre Unterlippe.

I – Idee
Zeigen Sie schulmeisterlich den ausgestreckten Zeigefinger.

Z – Zauberhafte Ziele
Recken Sie beide Arme zum Himmel – so hoch Sie können!